もっと！

誕生日が教えてくれる本当のあなた

ともこ

目次

※「数秘LIFE®」は登録商標です。
本書では基本的には登録商標マークをはずし「数秘LIFE」と表記しています。

column

はじめに

２０２２年3月3日に『誕生日が教えてくれる本当のあなた』が出版されてから約2年がたち、大変うれしいことに、大勢の皆さまが手に取ってくださり、「おもしろかった！」という感想をいただきました。この場を借りてお礼申しあげます。ありがとうございました。

創造の世界が大好きな本質数「３」の私。ある時は犬たちの散歩中に、またある時は就寝前に「あっ！」とアイデアが浮かぶとすぐにメモをし、「こんなふうにしてみたら、楽しいワークにならないか……」「この伝え方なら、もっとわかりやすいかな？」と、今も数字と共に楽しく生活を送っています。

元来、コーチングやメンタルトレーニングのプロでもある私が、数秘研究家としてこれほどまでに数字と向き合い続けてこられたのも、「数字っておもしろい！」と私自身が強く思っているからです。紀元前から続く「人類最高の智慧（ちえ）」といわれる数秘の世界を、生活や人生の中でもっとカジュアルに使ってほしいという願いは、変わるどころか強くなっています。

前著のメインテーマは、私の大好きな言葉「違いには大きな価値がある」でした。そして続編となる今回は、一人ひとりの今までとこれからに「ＯＫを出す！」をテーマとして掲げ、まとめさせていただきました。

本書で新たに登場したのが、誕生日から算出されたマイナンバーを人生になぞらえ、個々が輝くための光の道【支え→誇り→憧れ】となるよう作成された「数秘ＬＩＦＥカルテ」です。

数秘ＬＩＦＥカルテの発想は、私が「老年学（ジェロントロジー）」という学問を知ったことから始まりました。２０２５年には5人に1人が75歳以上となる超高齢化社会になります。誰もが生きがいを持って、より輝いた人生を送ってほしいという願いに、新たなキャラとしてご紹介する「隠れキャラ」が、何かしらのヒントになると確信し生まれた、という経緯があります。

また、どこか生きづらさを感じて日々を送っている各世代の方々に向けて、「心の回復力」といわれる「レジリエンス（折れない心・しなやかさ）」を高める方法のひとつである「自分をよく知る」ためのヒントになるのではないかと気づきました。そこで、マイナンバーそれぞれを現れやすい時期に照らし合わせて読み解くという従来のとらえ方だけではなく、生まれた時から心の中にある確かなものとして、特に隠れキャラにスポットを当てて作りました。

さらに、ゾロ目のマスターナンバー「11」「22」「33」については、数字の波動が大きく、多角的な意味を持つため、「数秘ＬＩＦＥ研究所」（→68ページ）メンバーの皆さんにも力を貸してもらい、マスターナンバーを持っている人、持っていない人の相互理解を深められたらとの思いから、ひとつの章にまとめてみました。

他にも、ライフコーチの視点から、「ワンモア！　数秘ＬＩＦＥ」～円滑なコミュニケーションとライフデザイン（個人の9年サイクル）～を後半でまとめています。初登場の「すうじちゃん」

が、いい時・うまくいかない時の思考のクセを教えてくれます。

神秘性を兼ね備えた分析学である「数の神秘＝数秘の世界」は、永久不滅の智慧（ちえ）であり、占いとしてだけではなく、これからも多くの方の心を軽やかにしていくでしょう。

「自分」を知るためのさまざまなアイデアを詰め込み、数秘術の本の枠を超え、ワークブック的な読み物として完成した『もっと！　誕生日が教えてくれる本当のあなた』。『誕生日が教えてくれる本当のあなた』と併せて手元に置いていただけたらうれしいです。

1万年以上続いたといわれる縄文時代が、今再び脚光を浴びています。争いのない平和な時代にあった和合の精神とは、個々が輝いてこそ生まれ、育まれ、感じていくことができるものだと信じています。大切な自分自身へ……大きな〇（マル）を贈るための一冊となれば幸いです。

数秘ＬＩＦＥ　ともこ

HOW TO

本書を読む前に――
数秘LIFEのおさらい

本書は私の前著『誕生日が教えてくれる本当のあなた』を前提に、
より一層カジュアルに数字とつき合っていただきたいという
思いを込めた実践編です。
ぜひ前著と併せてお読みいただければと思いますが、
本書で初めて私の数秘LIFEに触れる方のために、
簡単におさらいしておきましょう。

数秘LIFEとは

数字は、単に計測するための記号ではなく、それぞれ固有の意味とエネルギー(波動)を持っています。カバラ数秘術をベースにコミュニケーションの視点を取り入れた「ともこ式数秘術(数秘×行動分析)」は、「しなやかで心地いい暮らし=数秘LIFE」をテーマに、自分とつながる人生をサポートします。

マイナンバーとは

生年月日から導き出す3つの数字を、数秘LIFEではマイナンバーと呼んでいます。生まれた日を構成する数字から算出する「才能数」は、生まれ持った才能、強み、得意分野を表します。生年月日を構成するすべての数字から算出する「本質数」は、今生で最も発揮されるべき能力で、自分軸につながる数字です。生まれた月日を構成する数字から算出する「探究数」は、人生の目指すべき目標であり、自ら究めていく課題です。

マイナンバーの算出方法

才能数

誕生日の日にちの数字をひとつずつ足して、1桁になるまで足していく。※11、22は2桁のまま。

本質数

誕生日の西暦年・月・日の数字をひとつずつ足して、1桁になるまで足していく。※11、22、33は2桁のまま。

探究数

誕生日の月・日の数字をひとつずつ足して、1桁になるまで足していく。※11は2桁のまま。

例 1969年8月24日生まれ
→マイナンバーは…

才能数

2+4=6

本質数

1+9+6+9+8+2+4=39
3+9=12
1+2=3

3

探究数

8+2+4=14
1+4=5

5

DiSC理論

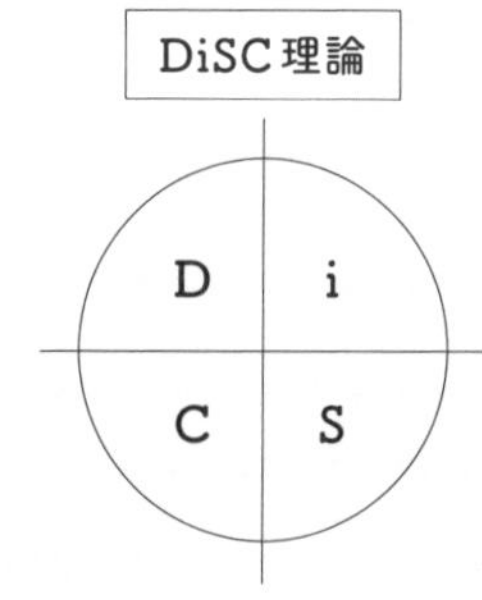

D (Dominance)：主導型
i (influence)：感化型
S (Steadiness)：安定型
C (Conscientiousness)：慎重型

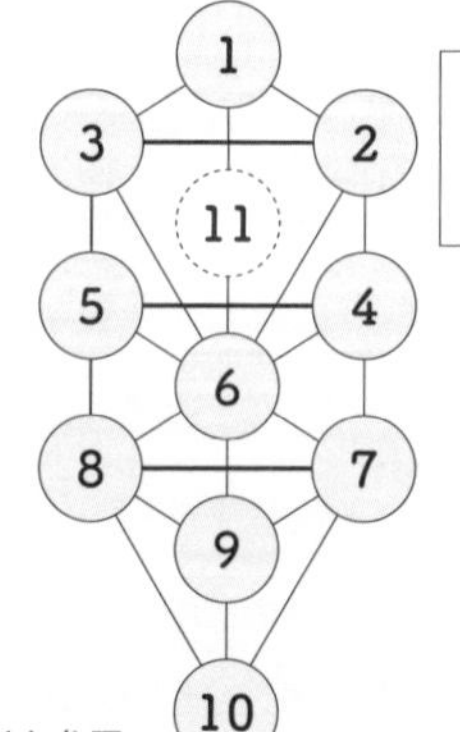

カバラ数秘術「セフィロトの樹（生命の樹）」

「セフィロトの樹」については72ページを参照。

数秘行動分析理論と数秘行動分析ツール

数秘行動分析理論とは、平面と立体でもって、行動特性を6タイプに分けた論理的かつ神秘的な要素も併せ持つ理論です。

「数秘行動分析ツール」は、この理論をベースとして、数秘で扱うすべての数字の性質を、行動特性に適合させながら独自にアレンジして生まれた、数秘LIFEオリジナルのコミュニケーションツールです。これは、1920年代に心理学者ウィリアム・M・マーストン博士が提唱したコミュニケーション理論「DiSC理論」をベースに、ピタゴラスが説いた数字の意味・本質と、古代ユダヤの神秘主義であるカバラを融合させたものです。特にカバラの「セフィロトの樹(生命の樹)」と呼ばれる宇宙の原理を示した思想は、数秘行動分析ツール誕生に大きな気づきを与えてくれました(数秘行動分析ツール誕生秘話の詳細は、前著をご覧ください)。

数秘行動分析ツールが、主に才能数と本質数を観ることで、円滑なコミュニケーションに役立つことを、前著では紹介しましたが、数秘行動分析ツールの活用方法は、それにとどまりません。本書では、第2章と第5章に数秘行動分析ツールが登場します。

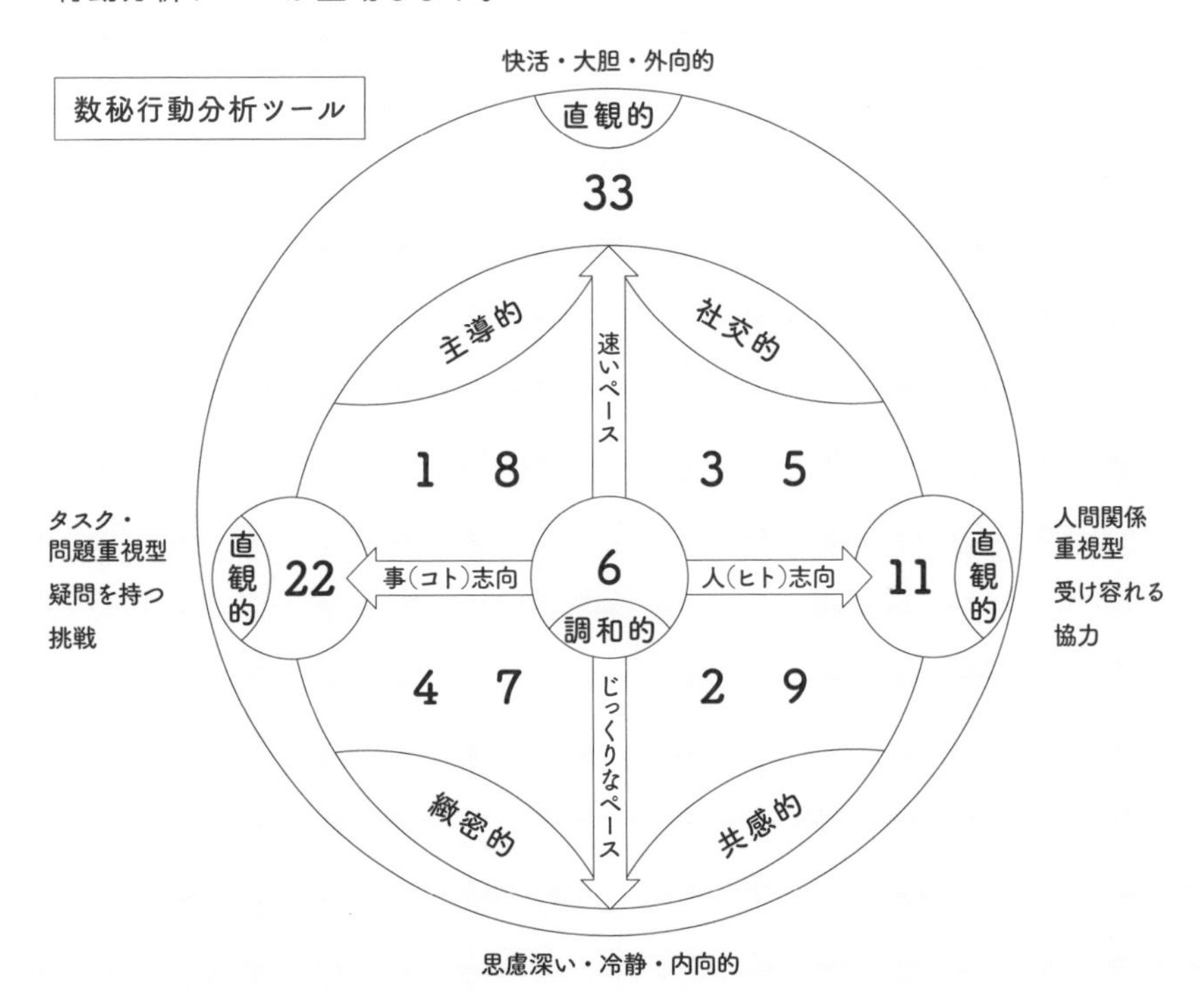

本書でわかること

1 ズバリ「自分そのもの」がわかる！

「探究数」は隠れキャラ。外キャラ(才能数)・内キャラ(本質数)に続く第3のキャラです。隠れキャラを紐解くことで、自分自身の理解がより深まります。

2 “マスターナンバーさん”への理解が深まる！

マイナンバーにマスターナンバー(ゾロ目)を持つとはどういうことなのか、じっくりアプローチしました。マスターナンバーを持つ人と持たない人とのコミュニケーションに役立つヒントをまとめています。

3 数秘LIFEカルテで「本当の自分」を理解できる！

書き込み式の「数秘LIFEカルテ」を巻末に付録。自分でカルテを作り、読み解くことで、自身をより俯瞰して理解することができます。10〜80代まで年代別の読み解き例もあります。

4 数字の持つ思考のクセがわかれば、どんな自分にもOKが出せる！

数字の持つポジティブな面とネガティブな面がわかれば、なぜ今、自分がそうなのか？　を理解することができ、自己受容しやすくなります。

5 タイプ別にほめ方としかり方がわかる！

コーチングのプロとしてタイプ別の傾向と、かけるべき言葉のアドバイスをまとめました。家庭だけでなく、友人同士、学校や職場でも、明日からすぐに実践できる虎の巻です。

6 9年サイクルが人生に役立つ！

9年サイクルから自分の人生の流れをデザインするために、各年をどんなふうに過ごすとよいか、コーチングのプロの観点からアドバイスを伝授します。

本書では随所に、数字とよりカジュアルにつき合っていただくためのひと言アドバイスや問いかけを入れています。「自分のことのようだ！」と思ったら、印をつけたり線を引いたりしてみてください。自己理解が深まるほど、自分のステージが変わる可能性があります。開くたびにその時の自分にヒントをくれる、人生に寄り添う本としてお役立てください。

第1章

3つのキャラが教えてくれる 本当の自分

「自分探し」はもうおしまい！「自分そのもの」を知ることが必要

今、世の中が大きく変化しています。社会情勢や地球環境など広い世界のことだけでなく、自分自身や身近な人の暮らしにおいても、予測不可能なことが起きています。巷には玉石混淆の情報が多数飛び交い、ネガティブなニュースを耳にすればするほど焦燥感や閉塞感を抱いてしまい、なんとなく不安に思っている人も多いのではないでしょうか？

そんな大変容の時代を、軽やかに生き抜くためのヒントが散りばめられているのが「数秘ＬＩＦＥ」です。誕生日から導き出される、才能数、本質数、探究数の３つの数字、つまりマイナンバーが、自分自身のことを教えてくれます。自分自身のことって、知っているようで意外と知らないものなのですが、人類最高の智慧で、最古の分析学のひとつである数秘が、そのベールを見事に剝いでくれることでしょう。

自分を知ると、折れない心が生まれます。しなやかに生きていくことができます。 この時代を生きていく上での大きな助けになります。ひと昔前は、「自分探し」というキーワードが流行りましたが、もう、自分探しはおしまいにしませんか？　なぜなら、外側には答えなどないからです。**答えはどんな時も、自分の中にちゃんとあるのです。**

持って生まれた３つの数字を合わせて、トータルで自分のことを浮き彫りにし、**「この私でＯＫ！」と、自分に〇をつけてあげましょう。**

隠れキャラ（探究数）が心の扉を開く鍵を握っていた

本書では、マイナンバーである3つの数字を扱っています。持って生まれた才能、強みを表す「才能数（外キャラ）」、今生で発揮される能力、自分軸につながる「本質数（内キャラ）」、人生の目指すべき目標であり、自らが究めていく課題である「探究数（隠れキャラ）」。前著『誕生日が教えてくれる本当のあなた』では、深く語りきれなかった「探究数（隠れキャラ）」について、今回はフォーカスすることにしました。

私はもともとこの数字を「使命数」と呼んでいました。晩年期になってから意識するとよいとされる、チャレンジ目標であり、使命を表しているからです。確かに、その通りなのですが、多くの人のセッションを行ううちに、この数字は「生まれた時から心の奥底に持っている、憧れのように追いかけているもの」だということがわかってきたのです。深層心理といってもいい深いところに隠されていて、自分も周囲の人もなかなか気づくことができない、その人の一面。なので、〝隠れキャラ〟と名前をつけました。

探究数は、心のドアを開けてくれる鍵なのです。探究数を知ると、「ああ、だから私は〇〇だったんだ」と、合点がいきます。なぜだかわからないけれど、生まれた時からずっと恋いこがれていたかのような感覚になります。自分を知る上で最後のキーともいえる探究数は、とても大事な要素。晩年期だけに関係する数字ではないことを覚えておいてください。

探究数＝隠れキャラでわかること

そのモヤモヤをプラスの意識に変えて もっとwell-being※な人生を送ろう！

才能数、本質数、探究数。私たちは、この3つの数字を持って生まれてきます。中でも探究数は、人生の大きな流れでとらえたとき、晩年期にそのテーマが色濃く現れるものであると、前著（『誕生日が教えてくれる本当のあなた』）で記しました。けれど、あくまでも「3つの数字の要素がブレンドされているのが自分」なので、晩年期を迎えるまで探究数は関係ない、ということではありません。どうか、誤解のないようにお願いします。

さて、**探究数は、自分自身も周囲の人も気づきにくい、その人の内側に潜んだ特性を表しています**。なので、繰り返しになりますが、探究数を〝隠れキャラ〟と命名しました。実は、私が数秘ＬＩＦＥを始めたばかりの頃、探究数のことを使命数と呼んでいたのですが、どうしても使命という言葉に、「ねばならぬ」的なニュアンスがあることに違和感を感じていました。そして、多くの人とセッションをする中で、この数字は、探究して究めていくもの、若い頃から憧れに思えるものだと気づいたのです。

探究数こそ、最終的に自分の向かう道。ここを学びたくて、今生、生まれてきたといっても過言ではありません。課題であり、こだわりであり、憧れ。人生をより豊かなものにしてくれるヒーリングナンバーなのです。

可能性を最も秘めている数字でもあるので、なんとなく生き甲斐がない、やりがいがない、不調である、なんだかこじらせ案件が多い……そんな時こそ、探究数の出番。あなたの内側の奥底に隠れていたキャラクターに意識の光を当ててみてください。「確かに、そうだ！」と、目から鱗ではありませんが、ハッとするようなポイントを探究数は語ってくれるでしょう。すると、自分のことがもっと好きになり、人生がより楽しくなるはずです。

隠れキャラは、課題であるという性質も持っているので、無意識のうちに「こだわり」が「こじらせ」に移行していることが多いのです。つまり、すべての答えは自分の中にある。外の世界や誰かに原因を見つけるのではなく、自分の中にある隠れキャラと向き合うことで、「そうだったのか」と気づきが起これば、いつの間にか、そのモヤモヤがポジティブな意識に変わっていることでしょう。**探究数＝隠れキャラと対話をして、折り合いをつけ、受け容れ、もっと人生を謳歌していただけたらうれしいです**。

※「well-being（ウェルビーイング）」とは、持続可能で多面的な幸せ。個人や会社のよい状態のこと。

探究数

1

できないことを探すより、できることに意識を向けて

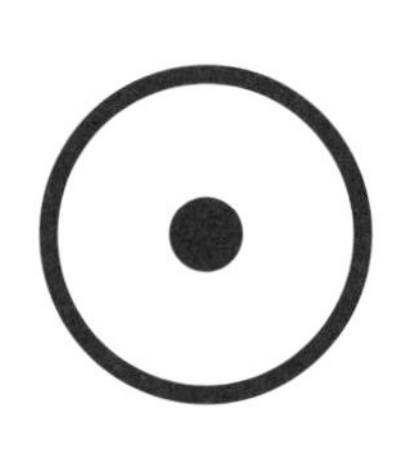

探究数に「1」を持つあなたは、常にがんばっているかどうか、人としてちゃんとしているかどうかが、気になって仕方がないかもしれません。そして、「今、自分はちゃんとできていない……」と、不安になり自信を失ってしまうことも多いのではないでしょうか？ 自分に自信を持てと言われても、どうしたら自信が持てるのかわからない、という人もいらっしゃるでしょう。

数字の1という形が表しているように、ピンときっちり立っているという感覚を持ちたい、背筋を伸ばした自信のある姿勢でいたいという気持ちを、いつも心の片隅に抱えていますので、「恥ずかしくない自分でいるかどうか」を気にしてしまいます。疲れているように見えていないか、目線を落として下ばかり向いていないか。周囲からどのように見られているかを気にしながら、自分自身をチェックしている傾向があります。

そんな時は、少し気持ちを落ち着かせて、このことを思い出してみてください。「実は、周りの人は、あなたが思うほどあなたのことをジャッジしていません」。下を向いてしょんぼり歩いていようが、立派に胸を張っていようが、大切なのは、周りからの視線ではなく、あなたの内側にある視線。自分の心が律していて「大丈夫」と思えていれば、いいのです。

自分の「できないこと探し」に、つい意識が向いてしまう探究数「1」の人は、もうこれ以上、できないことを気にするのをやめてみましょう。それよりも、できていることに目を向けてみてください。ちゃんと呼吸ができていますよね？　食事ができましたよね？　風を感じますよね？　そんなの「当たり前じゃない」と思うかもしれませんが、瞬間、瞬間を生きている自分をまずは「素晴らしい！」とほめ称えて、ハグしちゃいましょう。ちゃんと呼吸をして生きている。それができていることって、奇跡だと思いませんか？

とにかくがんばり屋さんなので、肩の力を抜いてリラックス。そして、**できていることに意識を向けて、素直な心で、そこに思いっきり〇（マル）をつけてあげてください**。もし、できていないことが気になってしまったとしても、それもまたOK。自分が自分の一番の理解者で応援者であることに気づいて、自分を大切に生きてくださいね。

ポテンシャルを高めるワーク

自分の「できている」ことを書き出してみてください。どんな些細なことでもOKです。そして、その書き出したリストを見ながら、「大丈夫、できているよ」と、自分に声をかけましょう。

探究数 2

鈍感力を発動させ、調和と融合の世界へ

Keyword
委ねる
感情の解放
しなやかさ

探究数「2」を持つ人は少なく、とても珍しいケースです。なぜなら、1月1日生まれ、1月10日生まれ、9月29日生まれ、10月1日生まれ、10月10日生まれの人に限られるから。2月9日生まれだと、マスターナンバーの「11」が探究数になります。そんなレアケースの探究数を持つ人は、相手を受容し、耳を傾けて人の話を聞き、感情に対応していくことがうまくできず、コミュニケーションをこじらせてしまうことが、たびたびあるのではないでしょうか？

本来、繊細さ、調和、受容といった要素を内側に持っているのですが、あまりにも繊細に相手の言うことを聞いてしまう傾向があり、そのために、感情を表に出すことができず、自分自身を傷つけてしまいます。そのことが潜在的にわかっているので、傷つくことを恐れて、自分をオープンにすることがなかなかうまくできません。

数字の2の形は、1とは対照的に曲線を描いています。しなやか

に揺れ動く波にも見えますし、陰陽を表す太極図そのもの。つまり、白と黒、表と裏、男と女……など相反する2極の性質が調和した世界を象徴しているのです。

調和とやさしさを持って寄り添いたいという気持ちがある反面、自分をオープンにできないジレンマに苦しんでいることに気づいたら、そんな自分を責めることなく、まずは自分自身を「気にしない、大丈夫だよ」と抱きしめてあげてください。

探究数「2」の人をサポートしてくれるのは、ズバリ鈍感力。気にしない力です。**他人を受容しすぎて、自分が一杯一杯になってしまう前に、自分自身との調和と融合を試みましょう**。その上で、押したり引いたりしながら対話を進めてみて、それでも自分の感情が守れそうになかったら、鈍感力を発動させるのです。何を言われても、右から左に軽やかにいなしちゃえばOK。そうすることで、あなたがポテンシャルとして持っている調和のエネルギーが活性化し始めるでしょう。そして、そんな自分に大きなハナマルをつけてあげることを、忘れないでくださいね。

ポテンシャルを高めるワーク

1という数字がリーダーを象徴しているとすると、2はサポーターを表しています。「2」のサポート力の高さはピカイチです。自分がサポートできていると思えることを書き出してみましょう。家族のために毎日ご飯を作っている、愛犬の散歩に行っている、地域のボランティアに参加した……など、何でもOK。誰かのため、社会のため、自然のため、地球のために役立っていることは、どんなことでしょう？　何の役にも立っていない、サポートなんかできていない、と思ったとしても大丈夫。あなたの存在自体が、呼吸をして生きているそのことが、この星をサポートしているのですから。

探究数

3

口角上げて笑っていれば、福が向こうからやってくる

探究数に「3」を持つ人は、とにかく努力家です。努力は決して悪いことではありませんが、ついつい何事にも一生懸命になりすぎて、せっかく兼ね備えている人生を楽しむ術や創造性を発揮できずに、なんだかモヤモヤッとすることが多いのではないでしょうか？

こんなことくらいでは楽しめない、こんなことで楽しんでばかりいてはいけない。なぜか、楽しむということに関して、頑なに心を閉ざしてしまう傾向にあるようです。

「人は、人生を楽しむために生まれてきた」

このセリフに何を感じますか？　少しでも「そうだな」「そうだったらいいなあ」と思ったなら、自分の心に素直になってみてください。3という数字の形は、卵を2つに割ったように見えませんか？

3は、卵から命が生まれるように、創造性を象徴しています。もともと探究数「3」の人には、楽しい人生を創造するポテンシャルがあ

ることを忘れないでいてください。

そうはいっても、なかなか楽しむことができない……という人も多いでしょう。そんな人には、笑顔になることをアドバイスしています。まずは、笑うこと。楽しいことがなかったとしても、鏡を見て、口角を上げてみてください。口角を2ミリ上げただけで、脳が「楽しい」と錯覚するんだそうですよ。

また楽しい人とつきあったり、お笑いや落語を見たり、動物が好きなら犬や猫との暮らしを始めてみたり。笑顔になれる環境づくりをしてみましょう。頭で考えすぎず、うれしい！　楽しい！　と感じたら、とにかく笑顔。習慣となって身につけば、躊躇することなく歓びを表現できるようになります。すると、周りの人との関係性がうまくいったり、無我夢中になれることに出合えたりして、QOL（人生の質）が確実にアップしていきます。

「人生の楽しさ、歓び（よろこび）を享受する」という、あなたの内側にある隠れキャラを引っ張り出す鍵は笑顔。そのキャラと向き合うことができたら、自分に○（マル）をつけてあげましょう。

楽しむことは、誰かに制限されることではありませんし、他人の評価も必要ありません。安心して、思いっきり子どものように笑ってくださいね。

ポテンシャルを高めるワーク

最近、笑ったこと、笑顔になったことを書き出してみましょう。リストを見てそのことを思い出したら、鏡の前でニコッと笑ってみてください。何も書き出せなかった人も、鏡に向かって笑う練習をしましょう。笑っていると楽しい気持ちになってきますよ。

探究数／4 内面のくつろぎを感じて自然体の自分で居る

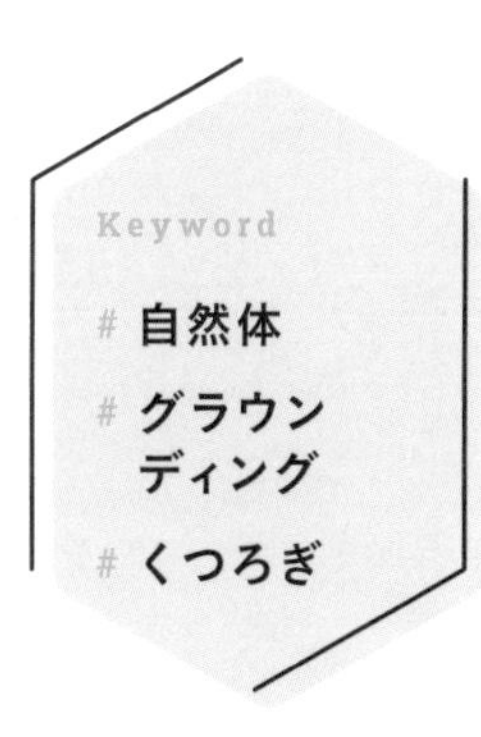

探究数「4」の人は、潜在的に安心安定を求めています。けれども、安心安全を求めるあまり、用心深くなり、常に不安がつきまとってしまうかもしれません。また、自分の殻に閉じこもってしまう傾向があり、自分の世界だけに通用するマイルールに縛られてしまい、息苦しくなってしまうこともあるでしょう。

4という数字の性質は、ズバリ安定。テーブルの脚が4本で安定するように、不安定を嫌います。四角四面でまじめというと、なんだか堅苦しいイメージかもしれませんが、別の見方をすれば、その優れたグラウンディング力の右に出る者はいません。とにかく大地にどっしりと根を張って地球とつながることができる数字なのです。

「自分の軸は安定していますか？」「リラックスできる時間と空間がありますか？」「自分自身で居ることができていますか？」なんだか心身ともに調子が悪いな、心配ごとがあって眠れない、ストレスが溜まっている……そんな違和感をキャッチしたら、立ち止まって深呼吸。そして、この質問を自分に投げかけてみてください。

探究数「4」の人に必要なのは、自分らしく在ること。それは、難しいことではありません。いろいろと身につけてしまった鎧を脱いで、ありのままの素顔の自分に戻ればいいだけ。では、どうしたら鎧を脱ぐことができるのでしょうか？　たとえば、豊かな自然の中に身を置いてみる、温泉に浸かってゆっくり過ごしてみる、ガーデニングや畑仕事などで土に触れてみる、海辺や草原を素足で歩いてアーシングしてみる……など、自分にとって最高にリラックスできる環境を見つけることから始めてみましょう。そして、自分自身の中にくつろぎを感じることができればOK。自分に特大の◯(マル)を贈ってあげてください。

本来、自分の居心地のよさを自分で知っているのが、探究数「4」の人です。人に言われたり、アドバイスされたり、教わったりしたことではなく、自分自身の本能に尋ねてみれば、ちゃんと答えが返ってきます。答えは、自分の内側にある。そこへアクセスするための鍵が、リラックスなのです。**肩の力を抜いて、内側に安心・安全があることを信頼していれば、自ずと本来の自分に戻っていくことができるでしょう。**

ポテンシャルを高めるワーク

自分にとって、安心・安定するものごとは何ですか？　書き出してみましょう。
また、自分が思い描くリラックスした状態を具体的にイメージしてみましょう。目を瞑(つぶ)ってゆったり深呼吸をし、ゆっくりと目を開いたとき、目の前に広がる景色は、どんな世界がいいですか？

探究数 5

好きなようにエネルギーを動かし、自由に羽ばたく

探究数に「5」を持つ人は、本来ノンストップ。自分の気持ちを解放し、自由に動き回っていたいという願いを潜在的に抱いています。目には見えませんが、エネルギーや氣は常に流動的に動いています。そのエネルギーを回す力を持つのが、5という数字の特性です。

けれども、現実社会において好き勝手に動くことが、わがままだとか自己中心的だとか思われることは多々あります。自分の気持ちを解放して、自由に飛び回りたい。でも、自分の置かれている環境や人間関係、家族関係の中で、果たして自由に動くことができるのだろうか……。そんなストレスに押しつぶされてしまっている人も多いことでしょう。母親として、父親として、子どもとして、学生として、介護者として、養護者として、社会人として、勤め人として、経営者として……。好きなことをやりたいのにできない、自由に動きたいのに動けない、冒険をしたいのに周りに迷惑はかけられ

ないなど、本来の願いとは乖離してしまっていて、鬱々としているかもしれませんね。

数字の5は、五芒星（ごぼうせい）（ペンタグラム）の中に両手両足を広げた人が収まっているビジュアルイメージを持っています。身体そのもの、人間そのものを表す数字ともいわれているように、動くことでエネルギーを循環させるという意味にもつながっていきます。

潜在的に、動いてエネルギーを回す能力を持っているのですから、もし今の状況が動きにくいものだったとしても、諦めず、腐らず、できることを見つけてみてください。たとえば会社へ行くとき、電車に乗らずに歩いてみるとか。「そんなこと？」と思うかもしれませんが、少しでも自分のエネルギーが動いていると感じることは、探究数「5」の人にとって、とても大切なことなのです。できない理由を探すのではなく、自由でいられる時間を見つけて動くこと。**どんな些細なことでもいいので、その自由と行動に意識を向けることができたら、自分に○（マル）をつけましょう。あなたのその自由は決してエゴではありません。**

そして、忘れないでください。今は、思い通りに自由に動けなかったとしても、必ず、そのタイミングがやってきます。時を待てば人生にチャンスが巡ってきます。自分が一番心地いいと思えるスペースを大切にしましょう。

ポテンシャルを高めるワーク

自分がやりたいことを、3分間、書き続けてみましょう。これは、書く瞑想ともいわれるワークで、とにかく書き出すことで、脳が「これ以上は無理！」となった時に、解放のためのワードが飛び出してきます。あるいは、やりたいことを10個書き出して、今できる唯一のことを選んでやってみましょう。

探究数 6

まずは自分を愛で満たし、溢れ出たらシェアする

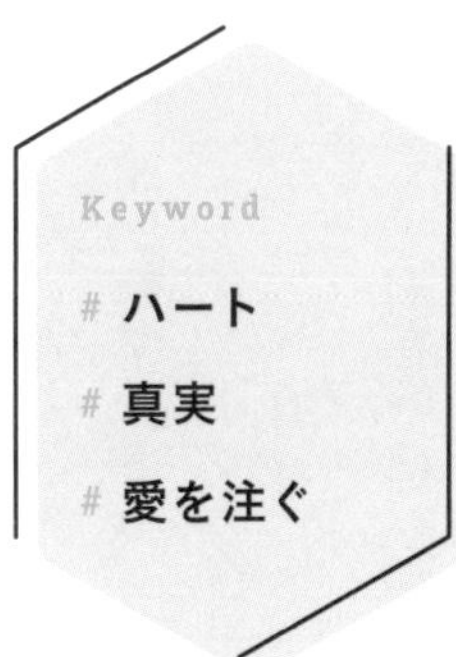

数字の6は、愛がテーマです。壮大な愛。マザーでありティーチャーである6。ハートと直結している6。この数字を探究数で持つとは、どのようなことだと思いますか？　探究数「6」を持つ人は、愛を惜しみなく与えている人に憧れを抱いています。そして、そのように自分もなりたいと潜在的に思っているので、困っている人を見れば助けたり、ボランティアを買って出たりします。

もちろんこれはとても素晴らしいことなのですが、他者や社会のために何かをすればするほど、自分自身がすり減って、疲弊してしまうことが多いのも事実。「こんなにがんばっているのに……」と、いつの間にか見返りのようなものを期待してしまい、時には自分の方向性を見失ってしまうことがあるかもしれません。

6という数字は、その形からお腹に命を宿した妊婦さんをイメージさせます。そこにあるのは、慈愛です。また、完全なる美を表し

ている六芒星（ヘキサグラム）も6の象徴。愛と美をこの世界にもたらします。

愛とは美しく、けれども、愛をもって何かを成し遂げようとすることは、とても難しいものです。まずは、そんな難しいテーマを持っていること、自分はそれに向き合っていることを認めてください。そして、他者へ愛を与える前に、自分を愛で満たしましょう。**自分自身を満足させることができたとき、初めて、自ずと愛が溢れ出てきて、他者へと注がれます**。そこには、見返りを求める気持ちなど1ミリもありません。そんな自分に気づいたら、とびきり大きな◯をつけてあげてくださいね。

もし、愛を注ぎすぎて、自分の〝ヤカン〟の水が干上がってしまったと感じたならば、少し立ち止まって、自分が満たされることに意識を向けてみてください。自分が思い描いている理想像は少し横に置いて、自分は愛が足りないからダメだというジャッジは決してしないように気をつけてください。慈愛と渇愛は違うことを忘れないで。

せっかく愛そのものである「6」を持って生まれたのですから、やさしい気持ちを自分にも向けましょう。そうすれば、日常のささやかなこと（たとえばご飯を残さずに食べるなど）も、愛の表現のひとつだと気づくはず。するとあなたの見ている景色が輝き始めます。

ポテンシャルを高めるワーク

自分の身の回りにある「愛しいもの」を、思いつく限り書き出してみましょう。日々の暮らしの中で、大切にしていること、大事にしたいこと、うれしいと感じること……。当たり前の日常の中に幸せのタネを見つけて、自分の内側に愛を補充してください。

探究数
7
マインドとハートのバランスをとり、ひとりの時間を慈しむ

ひとりで居ることに不安がありますか？　寂しく思いますか？

本来7という数字は、群れることなくコツコツと自分の道を進みながら、興味のあることに没頭するという特徴を持っています。基本的に〝おひとり様〟のほうが、居心地がいいはずなのです。けれど、探究数として「7」を持っていると、時として、ひとりで居ることに孤独を感じることがあるかもしれません。また知識欲が旺盛で、探求することがテーマでもある「7」は、頭でっかちになりがち。考えすぎるクセが出ると、感情とのバランスが崩れてしまい、混乱したり不安が強くなったりすることもあるでしょう。

数字の7は、正三角形を内包する正方形の幾何学で象徴されるように、どっしりと安定しています。強い意志を持ち、他者を気にせず、独自の道をマイペースで歩む特性を持っています。探究数に「7」を持つ人は、まずひとりで居ること、ひとりで楽しむこと、

ひとりで歓(よろこ)ぶことに、許可を出してあげましょう。ひとりでいいのです。でも、決して孤立しているわけではないので、安心してください。社会の中に居ながら、ひとりで居る。もともと目に見える世界だけでなく、目に見えない世界や神秘的な世界にも興味がある「7」の人ですから、瞑想など、**ひとりで静かに自分の内側の世界と向き合う時間を持つことで、バランスが整ってくるでしょう**。

瞑想というと難しく考えてしまう人も多いかもしれませんね（これも探究数「7」の特徴のひとつ）。ひとりカラオケ、ソロキャンプ、ひとり呑みなどを「やってみた！」という軽いノリで、やっちゃってみてください。ブレイクスルーのきっかけになるはずです。

それでもまだ、ひとりで居ることの豊かさを前につい不安になって、もう一歩のところでブレーキがかかってしまう時は、少しだけ目を瞑(つぶ)って、自分とつながることをおすすめします。マインドのおしゃべりが消えて静かになると、いつの間にか心と頭のバランスがとれてきます。そうして、「自己探究に向き合う自分がいる」と、心の底から感じることができたら、自分に◯(マル)をプレゼント。ひとつのことに集中して、徹底して深掘りすることができるようになるので、あなたの隠れていた個性が光り始めるでしょう。

ポテンシャルを高めるワーク

リラックスして目を瞑(つぶ)り、深呼吸。呼吸をしながら、自分の意識、感情、体の感覚につながってみましょう。そして、ゆっくり目を開き、「自分は何者であるか？」と自分に問うてみます。答えが出なくても構いません。ひとりの豊かさを生む起点となるでしょう。

探究数 / 8

等身大のエネルギーを回し、陰陽のバランスをとる

Keyword
欲望
循環
物質的豊かさ

8はパワーの数字です。とにかく最強です。エネルギーをバンバンと循環させる要素を持っています。8の形からも、無限大であるメビウスの輪がイメージできますよね？　また上の○と下の○が交差するところから、パワーが溢れ出ている感じもします。これは、ハートと肚（はら）が交わる場所とも読み解くことができ、この形からだけでも、8が持つパワフルさがわかっていただけるかと思います。

そんな「8」を探究数に持った人は、このパワフルさに、自分自身が巻き込まれてしまうことがあるかもしれません。溢れ出るエネルギーをうまく循環させることができないと、あれもこれもと手を広げすぎてしまい、とっ散らかり、周りの人を巻き込み、しまいには体が悲鳴をあげてダウンしてしまう、なんてことになりかねません。

また、物質的な成功やお金、富、権力などの象徴でもあるので、そこがこじらせの要因となる場合もあるので注意が必要です。

人はそれぞれ、その人に合ったスピードがあります。たとえば、運転免許を取り立ての初心者ドライバーが、スポーツカーで高速道路を突っ走ったらどうなってしまうでしょうか？　あるいは初めての登山で、いきなりエベレストに登る人はまずいないですよね。

基本的にパワーを持っているので、どこかで発散させないと、これもまたエネルギーの循環が滞ってしまいます。けれど、パワーは乱用するものではありません。**大切なのは、持っているパワーの使い方をマスターすること**。**自分の取り扱い説明書を自分で作ってみるといいでしょう**。

あれこれと手を広げない。がんばりすぎない。無理をしない。一気に走らず、少しずつステップアップする。動いたら止まる。陰陽のバランスを整える。等身大のパワーを取り扱えるようになったら、無敵です。自分に特大の◯（マル）を与えてあげてくださいね。

8の数字のように、上と下の◯のバランスをとり、溢れ出るエネルギーを循環させ、上手にコントロールできれば、豊かさをみんなにシェアすることができます。お裾分けのできる人生が送れたら、自分も周りの人たちも、大満足。物心両面での幸せを実感することができるでしょう。

ポテンシャルを高めるワーク

自分のやりたいこと、なりたい姿を書き出してみましょう。そうするため（そうなるため）には、何が必要ですか？　何からスタートすればいいですか？　どんなステップを踏んでいけばいいですか？　着実にゴールに向かうための積み重ねを書き出してから、実践に挑むトレーニングをしてください。

探究数

9

外側との境界線を明確にし、セルフ・コンパッションを大切に

探究数に「9」を持つ人は、常に誰かのために何かをしたいと思っています。その対象は、人だけに限らず、社会のため、世界のため、地球のため……と、どこまでも崇高な思いが広がっていきます。誤解を恐れずにいえば、病的なほどに利他的なのです。あまりにも自分の外側にある世界に対して貢献したいという気持ちが強いので、周りと自分との境界線が曖昧になり、自分自身が疲れ切ってしまうことも多いのではないでしょうか。

9は、1から始まり最後の一番大きな数字です。つまり、1、2、3、4、5、6、7、8の数の要素をすべて含んでいるともいえるので、みんなの気持ちがわかってしまうんですね。そして、物事を完結させ、慈愛に満ち、共感能力が高いことも特徴的。

共感能力が高いということは、反面、繊細でナイーブな神経を持っているということにも通じます。だからこそ、探究数「9」の人は、

相手との境界線が曖昧になりすぎると、共感疲労を起こしてしまうのです。境界線がなくなると、外側の世界に翻弄されてしまうことになります。

相手のために自分がいる、あなたの問題は私の問題。けれど、なぜか満たされない。やればやるほど、空回りをしてしまう。相手から感謝されないと、貢献する歓び（よろこび）が苦しみや悲しみへと変わってしまう……そんな悪循環を招いてしまうことになりかねません。同情と共感は違います。まずはこのことを理解しましょう。そして、相手との境界線をきちんと引いて、自分を満たすことを心がけてみてください。

「その奉仕は、自分の望みだと肚落（はら）ちしていますか？」「自分の歓び（よろこび）はなんですか？」「自分の人生をしっかりと生きていますか？」何かこじれ始めたと感じたら、この質問を自分に投げかけてみてください。そして、自分への慈悲、セルフ・コンパッションを大切にすることからリスタート。しっかりとグラウンディングして、自分の軸を忘れずに。

ほんの些細なことでも構わないので、うれしいことがあった時、幸せを感じた時、そのことに気づけた自分を自分でほめてあげてください。自分への愛が少しずつ満たされると、やがてその愛は溢れ出し、あなたの望む平和な世界を築く礎となるでしょう。

ポテンシャルを高めるワーク

自分に対する労い（ねぎらい）の手紙を書いてみましょう。自分が取り組んでいること、貢献していることなどを書き出して、その行為と思いを労い、ほめてあげてください。

探究数

11

卓越した感受性を発揮して、表現者になる

Keyword

洞察
アウトプット
芸術的直感

探究数では唯一のマスターナンバー（詳細は第2章）である「11」。2桁のゾロ目は、霊感力やサイキック力、高次のエネルギーとつながる神聖な数字です。マスターナンバーを持っている人は、生まれながらにして、直感力やひらめきに優れていて、卓越した感受性が授けられています。探究数「11」の人は、自分に備わっているこの才能に気づかず、持て余し気味にしてしまうことが多いかもしれません。人から「変わっている」と言われたくない、この程度のひらめきを口にしてもいいのだろうか……など、自分の持つ不思議な感覚に、神秘的なものを感じることはありませんか？

また、感受性が鋭いということは、裏を返せば、繊細で傷つきやすいともいえます。11という数字の形を見てもわかるように、天に向かってピンッとしたアンテナが2本も立っているのですから、見えない世界のことから現実社会のことまで、キャッチする情報量が

他の人より多くなってしまうのも仕方ありません。時には、感受性が強すぎて怖さを抱いてしまう人もいるかもしれませんね。そんな時は、しなやかに受け入れ、過度に反応しないよう、自分を守る術を身につけてください。

ところで、直感の賞味期限はとても短いものです。降りてきても、モタモタしているとすぐに消えてしまいます。もし、**何かを感じたら、アートなどの表現を使ってアウトプットをするようにしてください**。探究数「11」の人は、無限の可能性を秘めています。その才能を惜しみなく使っていただきたいのです。絵を描いたり音楽を演奏したりすることだけがアートではありません。たとえば、スパイスからルーを作ってオリジナルのカレーを作るのも表現のひとつ。家庭菜園でオーガニック野菜を育てるのも、お掃除をして空間を整えるのも、表現のひとつ。つまり、人生そのものがアートだと思うのです。

これは何も、マスターナンバーだけに備わった特別な才能というわけではなく、本来、ルートナンバー（1から9）の人も持っている力なのですが、その人たちよりも、その能力を開花させやすい性質なのです。それを理解した上で、その直感力をクリエイションへと昇華させることができたら、自分に○（マル）をつけましょう。人生が豊かに転換していきます。

ポテンシャルを高めるワーク

カラーペンを使って、想像上の動物や植物の絵を描いてみましょう。これを11日間続けます。続けることで、ひらめきがさらに冴えてきます。

POINT

隠れキャラ(探究数)から読み解く安心のポイント

探究数をこじらせないように、立ち止まって自分の内面を探ってみましょう。
今、あなたの心の中は、どんな状態ですか?
探究数別に「できていれば大丈夫」という、大事にするべき指針をまとめました。
そっと心の扉を開けて、確認してみてください。

探究数　安心のポイント

1	できてる!　と思えることが大事
2	人と共に居ると感じられることが大事
3	楽しい〜と思えることが大事
4	安心・安定を感じられることが大事
5	自由だ〜と思えることが大事
6	愛に関われていることが大事
7	自分の内面に深く関われていることが大事
8	やりたいことにチャレンジできていることが大事
9	世のため人のために関われていることが大事
11	直感力が使えていると感じられることが大事

Column

01

「自分」とは何か？ 向き合う中で 生まれた 私の答え

「自分って、どんな人？」

おそらく皆さんも「自分とは？」について考えたことがあるのではないでしょうか。私は、学生時代、社会人、母親と、人生の節目を経験するたびに、「私って？」と自問してきました。とりわけ深く考えたのは、留学などで海外生活を送っていた時でした。様々な国の人がいて、文化的背景も違うため、阿吽の呼吸などというものは存在しない中、「今、私は○○についてどう思っているのだろうか？」とか、「私はイエスなのか？　ノーなのか？」ということを、まるで思考のクセのように、いつの間にか考えている自分に気づきました。

ただ、どんな時も答えを出すのは簡単ではありませんでした。「今は、こう答えたほうがいいのではないだろうか？」「話しづらいから、今は言わないでおこう」。そんなふうに場の空気を読んだり、置かれている立場を考えたり、言葉選びをしたりしているうちに、相手と気持ちのすれ違いが起きてしまうこともありました。

そして、46歳の時に「コーチング」に出合いました。コーチングを通して、伝えることの大切さや対話の重要性を学び、「自己基盤」という概念を知りました。「自己基盤」とは、「自己理解、自己承認、自己開示」のことであり、つまりは人間力のことです。自分を知ることがこんなにも大事だなんて！

さらに今でも忘れられないのが、「シャンパンタワーの法則」を知った時の衝撃です。グラスを重ねたタワーの全体にシャンパンを注ぐ際、一番上のグラスから満たしていけば、下のグラスも満たされていきます。一番上のグラスは「自分」。自分のグラスを最初に満たすと、二段目の家族、三段目の友人・職場、四段目の社会・地域が満たされていく……。

ある受験塾で、親子のコミュニケーションについての講座を受け持った際にこの話をしたら、最前列に座り真剣に話を聞いていた、あるお母さまの目から涙が零れ落ちました。その姿が、今でも忘れられません。アメリカにいた時によく耳にした、大好きな言葉「proud（プラウド）」。自分に誇りを持つために必要なのは、自分にＯＫを出すこと。どんな時も、自分自身に対して、そして自分の人生にエールを送る一番のファンは自分自身である。今あらためて、私はそのように感じています。

本質数＝内キャラでわかること

ネガティブに出やすい傾向にある人生のメインテーマ

本質数は、生年月日をすべて足した数から導き出される数字です。カバラ数秘術では運命数という名前がついていて(※)、お守りの数字だと考えられているように、自分自身を表しています。人生の意義、メインテーマが色濃く出るので、まさにその人の〝本質〟そのもの。自分を丸ごと知るためには、マイナンバーの3つの数字(才能数、本質数、探究数)が必要ですが、そのコアに当たる要素になります。

そんな内的本質を自分で自覚をしていたとしても、他人からは見えにくいことが多く、才能数の「外キャラ」に対して「内キャラ」と名づけています。そんな意味からも、**表には出さない本音の部分は、この本質数に秘められていると考えられます**。**自分の内側に存在する「本当の自分」といえるのが、本質数です**。

人生のテーマとなる数字なので、ややネガティブに出やすい傾向を持つのが特徴です。マイナンバーの配列にもよりますが、この本質数をうまく生きられていない、という人が多いかもしれません。今生のメインテーマとして与えられた本質なので、いわば人生における〝必修科目〟のようなもの。何がなんでも、この学びを深めなければ、次へは進めないというわけです。ですから、不得意なことかもしれませんし、できればやりたくないことかもしれません。

けれども、どんなことにも波があるように、うまくいく時もあれば、いかない時もありますよね。この本質数を自分のテーマだと受け入れ、ネガティブに出た時には疲弊することなく、その自分軸を誇りに思ってください。なぜなら、この人生において、最も発揮されるべき能力だからです。

もし、ネガティブな面が出てしまったなと感じたら、数字のクセである振り子の法則（129ページ～）を参考にして、ネガティブをポジティブに変換させましょう。本質数を生き生きと歩むことができれば、人生がキラキラと輝き出します。本質数はどんな時でもあなたにエールを送っていますよ。そのことを忘れないでいてほしいのです。

※流派によって呼称は更に色々あります。

本質数 1

個

颯爽と歩く

1は、その形からも個人が背筋を伸ばして、きっちりと立っている姿をイメージさせます。凜としている。何かの目標に向かってがんばっている姿です。本質数に「1」を持つ人は、**自分の信じた道を進んでいきたいと願い、またそれを実践しています**。リーダーシップという役割が一番似合う人で、その背中はとても美しいと誰もが感じるでしょう。本質数に「1」を持っていれば、どうしたって目立ってしまいます。そのフロンティア精神は、組織の中でも個人でも、遺憾なく発揮できるものです。

ただし、一歩間違えると煙たがられる存在になってしまうことも。特に日本の社会では、いまだに〝出る杭は打たれる〟的な風潮があるのも否めません。男女問わず強い男性性を持っている「1」なのですが、何かの拍子に自己評価が下がったり、自信を失ったりすると、簡単にポキンと折れてしまう脆(もろ)さを孕(はら)んでいることを忘れないようにして、それも自分であると受け容れてください。周りが引いているなと感じた時は、周囲の人の意見に耳を傾けたり、自分のポジションを俯瞰して見ると、俄然生きやすくなるでしょう。

本質数1を持つ著名人

向井千秋、明石家さんま、マツコ・デラックス、吉高由里子、仲里依紗

本質数

2

和

調和を尊ぶ

2は女性原理を象徴する数字であり、陰陽二元の世界を表しています。そのため「相手がいるから私もいる」という世界観がデフォルトで、相手のことを思いやるやさしさを持っています。本質数「2」の人は、秘書、サポーター、片腕などと表現されることが多いのですが、1番手を支える2番手の役割を得意とします。もともと争いごとを好まず、平和的な感覚を大切にしている人が多いのも特徴的。人の話をちゃんと聞いて、受け容れるだけではなく、**しなやかに応答しながらキャッチボールができるので、みんなから親しまれるでしょう**。本質数「2」を漢字一字で表すとしたら「和」が最もしっくりときます。

ただし、繊細になりすぎることもあるので、気をつけて。相手のことを慮るあまり、自分自身の決断力が薄れ、時に優柔不断と見られてしまうことがあるかもしれません。また、頭で考えすぎるとメンタル・ダウンしやすいのも注意ポイントです。たまには、心をオープンにしてみることも必要。基本的に無敵の〝愛されキャラ〟なので、ちょっとやそっとのことで、調和が乱れることはありません。安心してください。

本質数2を持つ著名人

植村直己、和田アキ子、真田広之、ゆうちゃみ、鈴木 福

本質数

3

楽

ポジティブ

「いつも楽しそうで、いいね」と周りの人からうらやましがられる雰囲気を持っています。本質数に「3」を持つ人は、想像と創造の世界が大好き。好奇心が旺盛で、おもしろそうと思ったら、自然に意識がそちらに向かってしまいます。自他ともにポジティブであることに異論はないでしょう。「三人寄れば文殊の知恵」という言葉の通り、「1」と「2」ではできないことを、「3」は軽やかにやり始めることができるのです。「3」からものごとが動き始めます。**創造して、一歩前に押し出す力を持っています**。また、トークも上手で、好きなことを嬉々として話している時は、周りの人までもハッピーオーラで包み込んでしまうでしょう。

ただし、創造的な場が整っていないと、「3」の本領が発揮しにくくなってしまいます。環境が合わなかったり、興味をなくしてしまうと途端に投げ出したり、わちゃわちゃと表現のエネルギーを撒き散らしてしまうことも……。一般的な社会生活の中では、ピュアな子どものような心を輝かせることが難しいかもしれませんが、そんなときも不貞腐れずに、想像の中で創造を楽しみ、とことん〝宝探しゲーム〟に興じて、「3」の本質を生きていきましょう。

本質数3を持つ著名人

宮崎 駿、天海祐希、葉加瀬太郎、辻井伸行、藤井聡太

本質数

4

安

リラックス

本質数「4」の人は、内面のくつろぎを何よりも大切にします。たとえば、遊園地へ遊びに行ったとしましょう。前述の「3」の人なら「どのアトラクションが楽しいかな？」とワクワクを求めますが、「4」は自分が安定できる場所、リラックスできる空間を求めて探し出します。急激な変化を嫌がりますが、**自分が肚（はら）の底から納得した物事に対しては、堅実かつ着実かつ誠実に取り組むでしょう**。地に足がついていて浮ついたところがなく、グラウンディングがしっかりなされているので、周りの人たちも「この人がいれば大丈夫」という安心感が得られ、頼りになる存在として認められています。

ただし本人は、「まじめ」と言われることに、少し抵抗を感じるかもしれません。でもその対外的な印象は、あくまでも表面的な結果にすぎません。自然体で存在しているというリラックスした感覚があってこその「まじめ」なのです。漠然や混乱が苦手で、柔軟性やスピード感に欠けることを指摘されるかもしれませんが、気にしなくても大丈夫。地球のリズムに合ったくつろぎの中に居ることを、誇りに思ってください。

本質数4を持つ著名人

タモリ、北野 武、桑田佳祐、新海 誠、米倉涼子

本質数 / 5

自由自在

エネルギーや氣というものを瞬間的にとらえられるのが、本質数「5」の人の特徴です。風＝氣の流れと一体化できるんですね。これはもう本能的なもの。**身体能力も高いので、あらゆることに対する順応性に優れています**。まさに自由な風のごとく、冒険心の赴くまま、考えるより先に体が動いているのではないでしょうか。そのキラキラした姿はとても魅力的で、周囲にも明るい影響を与えます。おそらく、どこに行っても人気者になるでしょう。

ただし、その自由を奪われてしまうと、一発でダウンしてしまいます。動きを止められると息苦しくなり、自分らしさのかけらも発揮できなくなってしまうことも……。そうなると心と体が分離し、好き勝手に行動することに対する恐怖心が生まれる可能性もあります。スクリュージェットコースターに乗っているような気分のムラを感じ、体調まで悪くしてしまいますので注意してください。生き生きと自由に動いていれば、本質数「5」は輝き始めます。その時、身体感覚がとても大切になるので、体内の気血水（きけつすい）がトータルで巡っているかどうかのチェックも、忘れないようにしてください。

本質数5を持つ著名人

役所広司、林 修、EXILE HIRO、宇多田ヒカル、綾瀬はるか

本質数

6

温

愛とハート

本質数が「6」の人は、美男美女が多いのが特徴。美しさとつながっている数だからです。その美しさは上辺だけのものではなく、ハートの奥から立ち起こってくる美しさで、同時にやさしさを備えています。「2」の相手に応答するやさしさや、「9」のみんなを取りまとめるやさしさとは質が違っていて、その土台に母性愛があるやさしさです。愛とハートの分野を突き詰めていくと、真実や責任感へと結びついていくのですが、本質数「6」の人は、**ハートから溢れ出る愛を惜しみなく世界へ注いでいく生き方を選んでいることでしょう**。

ただし、正直さと責任感が強く出すぎてしまうと、常に正しくなくてはならないという、強い一面が顔を出してしまうことがあります。お世話がすぎるとお節介になってしまう……その調整が難しく、時にその正しさを相手が押し売りのように感じてしまうことがあるかもしれません。また、相手に愛を注ぎすぎてしまい、自分自身がカラカラに枯渇してしまうこともあるでしょう。いろいろな愛の表現や、それぞれの人にそれぞれの正しさがあることを知り、もう少し肩の力を抜いてリラックスしてみましょう。

本質数6を持つ著名人

樹木希林、笑福亭鶴瓶、いとうあさこ、尾田栄一郎、米津玄師

本質数 / 7

知

知性を磨く

自分の内側に入っていき、その奥へと向かい対峙する——本質数「7」の人の基本的な姿勢です。常に自分の深いところを見ているので、他者が気になりません。もしかしたら、組織の中に属していると、協調性がないとか変わった人などと言われているかもしれませんね。でも、本人はそんなことを言われてもへっちゃらです。まったく気にせず、むしろひとりで居ることを楽しんでいることでしょう。そんなことより、外の世界を遮断して自分に向き合う時間をジャマされることが、何よりも苦痛です。**自分が知りたいと思ったことは、とことん追求しないと気が済まない研究者や職人タイプ**なので、孤立しているように見える時もありますが、ひとりで居ることに豊かさを見出せる、自律した人たちです。

とはいえ、人はひとりでは生きていけません。無理して周りのペースに合わせたり、積極的にコミュニケーションをとる必要はありませんが、柔軟性を大切にすると、内側の世界がより輝きを増すでしょう。自分という小宇宙に光を照らし、そこに自分が居ることを確認し、その世界で生きている「7」の芯の強さは、周りの人にもいい影響を与えます。

本質数7を持つ著名人

手塚治虫、YOSHIKI、新垣結衣、竹内涼真、広瀬すず

本質数

8

豊

パワーを循環

「8」という形が表しているように、**陰と陽の2つをバランスよく持ち、無限大のループでパワーを回す力を持っています**。まさに全身全霊をかけて、願望を達成していきます。その結果としての、富やお金や成功などの豊かさを受け取れる人たちです。何もないところからも何かを見つけ出し、豊かさを還元していきます。強さやエネルギーが充満していることは、一目瞭然。ひとりで事を起こすというより、みんなをまとめて統率していくタイプなので、周りをどんどん巻き込んでいくケースも多いのでは？

常にガソリン満タン！　という状態ですが、あちらこちらに目が向いて目標が散漫になってしまうと、ガソリンを垂れ流すだけのスポーツカーになってしまうので、気をつけてください。せっかく持っている「8」のパワーを、どこにどう使っていくのかは、とても大切です。また、達成願望が強く負けず嫌いな面もあるため、失敗への恐れが強く出てしまうことがあります。そんな時は、これがダメなら次がある、くらいの軽い気持ちで持ち前のパワーを発揮し、自分の世界観を現実化していきましょう。

本質数8を持つ著名人

隈 研吾、鈴木亮平、浅田真央、大谷翔平、芦田愛菜

本質数 9

慈

慈悲の心

9という数字を見ると、慈悲深さや共感というワードがすぐに浮かんできます。本質数「9」は、人道的であるだけでなく、社会、地球全体へと眼差しを向けられる人。平和主義者であり、慈愛深く、奉仕の精神に富んでいます。医療従事者、セラピスト、人をまとめるポジションや、人のために役立つ職業に就いている人が多いのが特徴です。**自分より人を優先させ、常に一歩下がって全体を見渡しているという存在**。世の中の役に立っているということ、慈悲の心を与えることが、本質数「9」の誇りになります。

ただし、みんなの前ではオープンマインドになれないため、穏やかな雰囲気を纏（まと）っているのですが、何を考えているのかわからないと思われてしまうことがあるかもしれません。また、みんなのことを慮（おもんぱか）るあまり、決断力が鈍くなったり、共感疲労を起こしてしまうことも。そんな時は、今向き合っていることが、自分が自分であるために必要なことかどうかの確認をしてみましょう。自分を愛することが起点になって初めて、相手や社会や世界を大切にできるということを忘れないでください。

本質数9を持つ著名人

ヒロミ、つんく♂、本木雅弘、大泉 洋、北川景子

本質数

11

超

豊かな感性

最初に登場するマスターナンバー「11」は、卓越した感受性を持ち、第六感が冴え渡っています。数秘では最後の1桁まで落とし込むことを踏まえると、「11」という数字は、1+1=2で、土台に「2」の性質を持っていることになります。つまり、**調和と受容がベースにあり、そこに直感が垂直に降りてくるというイメージです**。この直感は、目に見える世界を超えたところからやってきます。虫の知らせとか、嫌な予感がするとかは、誰にでも経験があると思いますが、そのような感覚が鋭く、普通の人以上に感じやすい人たちなのです。そして、天から授かったこの感性をアートを通して表現する人が多いのも特徴的。

ただし、センシティブな感性がネガティブに出てしまうと、ストレス過剰となり気疲れしてしまい、心身の調子を崩す原因になってしまいます。本質数「11」を生きる人は、いろいろな意味で影響力を持ち、前人未到のことを成し遂げるポテンシャルがあります。もし、疲れを感じたら、ためらわずに休息を取るようにしてください。たまには逃避したってかまいません。動物や植物とのつながりを持つことが、あなたの大きな癒やしになるでしょう。

本質数11を持つ著名人

水谷 豊、所ジョージ、鳥山 明、ムロツヨシ、芳根京子

本質数

/

22

輝

開拓精神

本質数「22」は、「11」と同様に、第六感がすぐれています。そして、その第六感を使って感性を形にしていけるのが「22」の最強たる所以。2＋2＝4で、ベースには物事を現実化させる「4」があり、「11」が2つあるという見方もできます。とにかく、幸運の数。バイタリティとカリスマ性があり、**テーマカラーがゴールドなので光り輝いていて、隠れようにも隠れることができない存在**。道なき道を切り開いていける魅力を持つ人です。

しかしながら、人から羨望されることに意味が見出せず、自分の持っている能力や魅力を押し殺そうとしてしまう人も多く見られます。また、他の人との違いやズレに違和感を覚えると、自分の感覚を隠そうとする傾向もあります。何がやりたいのか？　どのように生きたいのか？　人生における大きな指針がはっきりしていないと、自分の殻に閉じこもり蓋をしてしまう人もいるかもしれません。でも、それはとてももったいないことです。生まれながらに授かった強運とバイタリティを使って、降りてきたひらめきや直感を世の中に具現化し、ダイナミックな旋風を巻き起こしてくださいね。

本質数22を持つ著名人

舘ひろし、石橋貴明(とんねるず)、松田聖子、小池栄子、藤巻亮太

本質数 33

純

不思議な魅力

直感力にすぐれている「11」が3つあり、3＋3＝6でベースに無償の愛を持つ「6」がある「33」は、不思議な魅力に溢れています。一筋縄ではいかない、人間の枠を超えている、ある意味、宇宙人的な存在です。純粋無垢で、沈殿物がなく、規格外。言葉にできない領域に生息（?）しているといっても過言ではありません。

年齢に関係なく、女性なら、ベースの「6」の母性がより際立ち、男性なら、「33」を構成する2つの「3」から、少年らしさが際立ちます。

美的センスにもすぐれ、小手先のことができないタイプで、すべてのことを曝け出すことができます。時代が大きく変わろうとしている今こそ、常識や規定の枠に収まらない「33」の在り方に、これからを生き抜くヒントが隠されているように思います。

とはいえ、まだまだ現代社会の中では理解されないことも多く、紆余曲折があり、苦労を強いられる人もいるかもしれませんが、ピュアなそのままのあなたで大丈夫！　地球の社会的な垢に染まらずに、周りの人たちの度肝を抜く存在でいてください。

本質数33を持つ著名人

黒柳徹子、小泉孝太郎、カズレーザー（メイプル超合金）、杏、あいみょん

CHECK

内キャラ（本質数）で見る「本当の自分」を生きている？ チェックリスト

あなたは「本当の自分」を生きていますか？
無理をして、本来の自分とは違う生き方をしていると、辛くなってしまいがちです。
そこで今のあなたの状況をチェックしてみましょう。
自分の本質数の項目で、あてはまるものにチェックを入れてみてください。
チェックの数が多いほど、「本当の自分」を生きているということになります。

本質数	
1	□思ったら即行動 □自然と注目される □個人主義が好き □リーダー役が多い □自信家である
2	□平和的な雰囲気を好む □人間が好き □聴き上手である □頼られることが多い □和を保つのが得意
3	□ポジティブ思考 □アイデアマンである □退屈が苦手 □ユーモアのセンスがある □誰とでも仲良くなる
4	□石橋を叩いて渡るタイプ □落ち着いている □忍耐強い □信用や信頼を大切にする □危機管理能力が高い
5	□チャレンジ精神旺盛 □身体を動かすのが好き □冒険心が強い □自然に任せるのが上手 □ハプニングに強い
6	□周りの人が気になる □人からよく慕われる □責任感が強い □面倒を見るのが好き □美的感覚に優れている
7	□こだわりが強い □突き詰めて考えるクセがある □神秘的な分野に興味がある □すべてに理由が必要 □ひとりが好き
8	□目標設定が大事 □成功にこだわる □物事をまとめる能力が高い □効率化が得意 □お金との関わりが強い
9	□争いは好きじゃない □世話役が多い □常に大きな視野で見ている □理想主義的な考えを持つ □人の感情に敏感
11	□勘が鋭い □思考のスピードが速い □自分の感情に敏感である □アート思考 □地球環境に興味がある
22	□独自の理論がある □現状打破を常に考えている □突飛な発想と言われる □設計者タイプ □ユニークな視点
33	□人と何か違うと思う時がある □嘘はつけない □少年少女の雰囲気 □ひとりは楽 □言葉にするのが不得意

Column
02

私が数字のことをとことん伝えたい理由

まだ数秘術の存在を知らなかった時、友人が私に誕生日を尋ねてきました。生年月日を伝えると、彼女はササッと計算して「先生タイプね。好奇心旺盛で社交家。海外と縁が出てくるんじゃないかな？」と言ったので、心底驚きました。「元来、冒険心があって、60歳をすぎたら再度留学したいと思っていることを、何で知ってるの〜!?」

その時、初めて「数秘術」という言葉を知りました。もちろん同じ誕生日であっても、環境や経験などで性格が違うことはあるでしょう。

でも誕生日から、しかも足し算のみで！　どうしてそこまでわかるのか……？　それから私は数字の意味を知りたくなり、どんな行動傾向や思考のクセが出るのかも知りたくて、数字の虜(とりこ)になっていきました。

主に子ども時代に色濃く、人生の土台となって現れる数字・才能数が「6」の私（厳密には24日生まれなので、「２」と「４」の要素も持っています）。好きになった人には尽くし型。大所帯の部活ではなぜか主将に選ばれ、自他ともに認める、いわゆるかゆいところに手が届くタイプ。また、気になっていたのは、継続性の欠如でした。夢中になるけれど長続きしない。親からも言われ、自分でも短所だと思っていた性格を、客観的に知ることができたのが、数字「3」の意味からでした。本質数で持つ「３」のプラスの意味は、好奇心旺盛で未来志向。そして楽観的。

「こう見えて、まじめなタイプと思っているんだけど……」と感じながら、「あっ！」と思い出したのが、大学時代、留学先で仲の良かったボランティアスタッフから最後にもらった手紙でした。

“You are funny, and you are polite. You laugh and smile much more than I do.” 「あなたはおもしろくて礼儀正しく、私よりよく笑って笑顔です」

それ以来、数字のことを知れば知るほどおもしろさにのめり込み、ルーツは紀元前の古代ギリシアにまで遡ることや、世界で最も古い分析学のひとつといわれていること等、人類最高の智慧といわれる数字の秘密について、伝えたい気持ちがどんどん高まりました。何より、まだ気づけていない自分のポジティブな面を教えてくれるのが数字です。よい時もうまくいかない時も、数字がしなやかに生きるヒントを教えてくれる。そのことを、多くの方々に届けていけたらと、日々思っています。

才能数＝外キャラでわかること

自分では意外と気づいていない持って生まれた才能・素質

才能数は、生まれた日にちから導き出されます。1日生まれなら「1」。12日生まれなら、1＋2で「3」。11日と22日はそのままで、マスターナンバーとなります（29日も2＋9＝11でマスターナンバー）。

才能数は、生まれ持った才能、素質、強みなどが現れていて、**自分ではさほど意識しなくても、「なんとなくできてしまうこと」というのが特徴です**。人から見たときの印象がこの数字に強く現れているのですが、本人は得意分野だと思っていないことが多く、才能数の特徴を言われても「え？　本当に？　そうかな……」と感じるかもしれません。でも、それを聞いた昔からの友人たちは、「いやいやいや、昔からあなたはそうじゃない。そのまだよ」と、笑うはずです。

たとえば、次のようなイメージで周りの人は見ています。
「才能数1＝リーダー」「才能数2＝サポーター」「才能数3＝クリエイター」「才能数4＝リアリスト」「才能数5＝コミュニケーター」「才能数6＝マザー」「才能数7＝スペシャリスト」「才能数8＝チャレンジャー」「才能数9＝メンター」「才能数11＝スピリチュアリスト」「才能数22＝カリスマリーダー」

どうでしょう？　自分自身のことを言われていると感じますか？　あるいは、身近な人の才能数を見て、「なるほど！」と思いましたか？

本人の土台となっている性質なので、当たり前すぎて自分では気がつかない。けれども、表向きにはポジティブな面が顕著になるため、コミュニケーションや人間関係、恋愛などに関係してくるのが、才能数。**仕事で発揮しやすいのも特徴的です**。

自分の基礎部分であり、存在の支えであり、魂に刻まれたクセのようなものといっても過言ではありません。**ポジティブな面が現れやすい才能数を自分自身で認めることができれば、自分にOKを出しやすいでしょう**。なかなか自分のことを認められないという人は、まずこの才能数を意識してみることをおすすめします。

ちなみに、才能数は日にちによって、その性質に多少の違いが出ます。たとえば「5」なら、5日・14日・23日生まれですが、14日は1と4が、23日は2と3の要素がベースに含まれると考えられているからです。

才能数 1

たくましいリーダー

自分で「こう」と決めたことをやろうとする意志の力はピカイチ。決断をしたら、即実行に移せることも強みのひとつです。それを自然とやってのけることができるので、本人の気持ちとは無関係に目立ってしまうでしょう。人生の転換期であるとか、仕事での大きな節目であるとか、そんな大事な場面でも気後れすることなく、一歩前に突き進んでいく勇気を持っているのです。何かがうまくいかずに、周りの人が躊躇している状況だったとしても、「まずは自分がやってみるね」と積極的に取り組む気持ちを持っているのが、才能数「1」の人。たとえば、誰もやりたがらない子どもの学校の役員も、スッと手を上げることができるのでは？　無理してがんばっているわけではなく、あくまでそうすることが「1」の人の自然体なのです。前を歩いて背中を見せる。そのキリッとした姿は、とても凛々しく、男女問わずに「男前」であることは間違いありません。この人ならやってくれるという安心感を与えてくれる、たのもしいリーダーです。

生まれた日別　活かすポイント

1日生まれ／明るく大胆に！　10日生まれ／力強い推進力
19日生まれ／バランス感覚　28日生まれ／協働力

才能数

2

やさしく親切な人

「1」の人とは対照的で、**人と人の間にするっと入ってバランスをとり、和ませる力がピカイチ**。波風を立てることなく、その人が居るだけで、その場が丸く収まります。「あなたが居てくれて本当によかった」と言われるような存在が才能数「2」の人です。ニコニコと静かに微笑みながら「まあまあ……」と、まるで大黒様のような立ち居振る舞いに、周りの人たちは、ホッコリした気分になることでしょう。

「2」の人は、本当は誰よりも人のことが気になり、その場に居る人たちの気持ちを大切にするという、繊細な一面を持ち合わせています。打ち寄せる波のように、自然の流れの中で、周りにチューニングすることができるのです。心根が本当にやさしくて親切。でも、本人にとってはそれが当たり前のこととして魂に刻まれていて、勝手に滲(にじ)み出てしまう振る舞いなんですね。そんなつもりは微塵(みじん)もなくても、みんなが仲良く生きられる世界のために、一役買っているのです。

生まれた日別　活かすポイント

2日生まれ／癒やしの力

20日生まれ／人との調和

才能数

3

楽しいことが大好き

とにかく、**楽しいことを見つけることに関してはピカイチ**。そして、周りの人をポジティブに巻き込みながら、笑顔にさせてしまう力も持っています。才能数「3」の人が居るだけで、何かおもしろそう、楽しそうと周りが思い、自然とその場が陽気で賑（にぎ）やかな空気に変わっていくでしょう。でも、本人には「場を盛り上げよう」とか「みんなを元気づけよう」という自覚はまったくありません。ただただ自分が楽しいと思うことを素直にやっているだけ。そして、いい意味でどこか子どもっぽいところがあるので、赤ちゃんや子どものピュアな笑顔がそうさせるように、その微笑みを見るだけで誰もが明るい気持ちになってしまうのです。たまに、おふざけがすぎるというようなこともあるかもしれませんが、それもご愛嬌で許されてしまうのが、才能数「3」の人の「3」たる所以（ゆえん）。そのエネルギーは場を乱すような質のものではなく、軽やかで前向きで楽観的な要素が含まれているので、元気のいい笑い声で、その場が満たされてしまいます。

生まれた日別　活かすポイント

3日生まれ／ポジティブ思考

12日生まれ／エンターテイナー

21日生まれ／キュートなほほえみ

30日生まれ／元気印の笑顔

才能数

4

まじめで信頼できる人

才能数「4」の人は、**まじめさに関してピカイチです**。少し堅苦しいイメージがあるからなのか、「まじめ」と言われるのが嫌だと思う人も多いようですが、周りの人から見れば、とても信頼を置けるキャラとして認められているのです。

人としての道を外さない、約束をきちんと守る、言われたことをちゃんとやる……どうでしょう、非の打ち所がありませんよね？　楽しい時も大げさに表現しないため、落ち着いた雰囲気がどうしても印象深く残ってしまいます。「なんだかまじめって損な役回りだなー」と思わず、多様性の世界において、とても大切な役割があることを忘れないでくださいね。

才能数「4」の人の揺るぎのない安定感、地に足のついた姿勢は、周りの人たちにも安心感を与えます。生まれながらに、みんなの良きお手本となる土台を持っているので、仕事においてもその力を発揮していることでしょう。「この人に任せておけば間違いない」という信頼と美徳は、お金で買えるものではないのですから。

生まれた日別　活かすポイント

4日生まれ／内面のくつろぎ

13日生まれ／継続・努力を惜しまない姿勢

31日生まれ／安定志向

才能数 5

冒険好きな自由人

瞬間的にエネルギーを発揮する力が高く、行動力はピカイチ。冒険好きで自由に動き回ることのできる人です。多少落ち着きがないと思われるかもしれませんが、ためらうことなく動けるのが、才能数「5」の素晴らしい特徴です。じっくり考える前に心身の声とつながるため、明朗快活！　一緒に居るとワクワク・生き生きとさせてくれる人です。それは誰よりも自分を解放させるスペースを大事にしているから。とにかく、動けば動くほど元気になっていき、行動することで自分の願いを叶えていってしまうのです。何か膠着した状況になって、なかなかみんなが動かない場合でも、「やってみましょう」と「5」の人が動くことで、周りも動き出すことができます。活発な行動力が、環流を作り出すキッカケになることも多いでしょう。また、変化することに対しても躊躇がなく、動くことで景色がどんどん変わっても平気ですし、移動した先では、「郷に入っては郷に従え」ができる人たちです。コミュニケーション力の高さと自由な心で、世界中を飛び回ってくださいね。

生まれた日別　活かすポイント

5日生まれ／エネルギッシュな行動力

14日生まれ／フットワークの良さ　23日生まれ／心の余裕

才能数 6

面倒見がいいお世話好き

人から頼まれたらノーと言わず、気持ちよくお世話をできる人たち。面倒見のよさはピカイチです。困っている人がいれば、必ず手を差し伸べます。ある意味、アンパンマン的な存在。でも、それは決して自己犠牲ではないところが才能数「6」の素晴らしいところ。偽善や自己満足からの行為ではなく、ハート（まごころ）からの行いなので、そこに損得勘定はありません。誰かのために何かをするということを、生まれつき背負っているのです。背負うというとネガティブなイメージにとらえる人もいるかもしれませんが、そうではなくて、得意なこととして持ち合わせているということ。こんな人が周りにひとりでも居てくれたらいいなと、誰もが思うのが才能数「6」の人なのです。もっとカジュアルな表現をするなら、ハートのある熱血キャラ。周りの人からはそんなイメージで見られているでしょう。かくいう私も才能数「6」なのですが、たとえば若い人たちと話していると、すぐに応援したくなってしまいます。そこに人がいる限り、世話をしてしまう〝質（たち）〟なんですね。

生まれた日別　活かすポイント

6日生まれ／心配り　15日生まれ／感動を生む

24日生まれ／相手に尽くしすぎない

才能数 7

「継続は力なり」の達人

何かひとつのことを継続する力がピカイチ。自分が本当に肚(はら)の底から「いいな」と思ったことに対する、探究心と継続力は半端ではありません。そのことに没頭してしまうのは無自覚なので、スポーツ選手なら時間も忘れて練習に打ち込んでしまう……なんてことが多いかもしれませんね。たとえそれが仕事でなく趣味の領域であったとしても、プロフェッショナルな職人気質を発揮してしまうのが、才能数「7」の人です。もし、お子さんが才能数「7」を持っていたなら、好きなことをそのままやらせておいてください。それは必ず、その子の強力な骨となり、支えになるはずです。探究に終わりはありません。知りたい、学びたいという欲求は、年齢を重ねても衰えることがないでしょう。基本的に、自分の世界を生きている人で、ひとり時間の使い方がとても上手です。だから、放っておかれても大丈夫。むしろ、放っておいてくれてありがとうと言われるほど。人と比べることをせず、自分軸がブレない点も、これからの時代を生き抜く強さとなります。

生まれた日別　活かすポイント

7日生まれ／強い探究心　16日生まれ／気持ちを伝える

25日生まれ／自分と向き合う時間

才能数

8

全力を尽くす人

パワフルで負けず嫌い。ゴールに向かって全身全霊で取り組むチャレンジ精神はピカイチです。いろいろな知恵を総動員させ、効率性を考え、あらゆる手段を使って目的を達成するのが、才能数「8」の人。そこにあるハードルが高ければ高いほど燃えるというか、パワー全開で走り出します。やると決めたら、とことんまでやり尽くす底力が備わっているので、がんばってエネルギーを出しているわけではないのです。スイッチが入ると、エネルギーが勝手にほとばしってしまうのです。そして、打たれ強くて、熱量が高い！　チームの中にひとりでも「8」の人がいると、士気が上がります。ギブアップという言葉は、才能数「8」の人の辞書にはありません。持っているエネルギーを効率的に回せば回すほど、パワーもアップしていきます。また、物事をまとめる能力を持ち、陰陽のエネルギーの陰の力で、バランスよくまとめ上げます。決してリーダーになることは好みませんが、気がつくと円陣を組んでいるでしょう。

生まれた日別　活かすポイント

8日生まれ／前向きな姿勢

17日生まれ／アドバイスに耳を傾ける

26日生まれ／わかち合いの精神

才能数 9

慈悲深い平和主義者

争いを好みません。自分軸の根本に平和を持っている人。**他者に対して寄り添うことのできる慈悲深さはピカイチ**。そして、とても大人っぽい雰囲気を持っています。数字の9の形が表しているように、〝首を垂れた仙人〟のごとく、すべての叡智（えいち）を包括しているような言動が自然と出てしまうのです。起伏がなく穏やかで、そこには確かに平和が存在している、そんなイメージです。誰かに頼られているとわかると、無意識にこの平和主義者としての自分が起動してしまうでしょう。「1」から「8」をすべて踏まえている数なので、複雑な面もありますが、頭がよく、哲学的。人だけでなく、社会や地球環境に奉仕することも厭（いと）いません。人の役に立つこと＝自分を満たすこと。自己犠牲の気持ちは微塵（みじん）もなく、他者への貢献が自分の歓（よろこ）びにつながるという、素晴らしい土台を才能数「9」の人は持っているのです。これは、自分が自分自身と信頼関係を結んでいないとできないこと。自分を肯定しているからこそ、他者をそのまま受け入れて奉仕することができるのです。

生まれた日別　活かすポイント

9日生まれ／共感力の高さ

18日生まれ／理知的な雰囲気と気さくな一面

27日生まれ／心の安寧

才能数

11

超感覚人間

マスターナンバー「11」を才能数に持つということ。それは、アンテナの感度の良さが土台にあることを意味します。本人がそのことに対して無自覚だとしても、**目には見えない世界のことをキャッチすることができる超感覚がピカイチ**。才能数「11」の場合、11日生まれと29日生まれの人がいますが、11日生まれの人は、特に優れた感覚を持っています。感性が高く、言葉にできない世界を音楽や絵などのアートを通して表現する才能を秘めています。言葉だけのコミュニケーションはあまり得意ではないかもしれません。声のトーン、ジェスチャー、表情、醸し出す雰囲気などから、お互いの気持ちをやりとりした方が、この人たちにとってはラクな場合が多いようです。それくらい繊細な感受性を持っています。29日生まれの人は、11日生まれの人に比べて共感受容を兼ね備えています。穏やかで聴き上手な面があるのも特徴的。アンテナの感度がバリバリに立っているというよりは、懐の奥深くに見え隠れする第六感からの洞察力を発揮するタイプです。

生まれた日別　活かすポイント

11日生まれ／流れに沿って生きる

29日生まれ／自分の心地よさ

才能数

22

隠しきれない華やかさ

「22」が持つカラーはゴールドなのですが、色に現れている象徴そのまま、隠しきれない輝きと華やかさを持っています。**どうしたって目立ってしまうその運の強さはピカイチ**。力強さが時に自己中心的と思われることがあるかもしれませんが、持って生まれた大物感があり、それを押し込めるには無理がある。だから、その輝きを纏(まと)ったままでいいのです。本人にとってはそれが当たり前のことなので、周りから指摘されると「そんなことない」と思ったり、できるだけ目立ちたくないのにと感じたりするかもしれません。けれど、「強運でバイタリティがあるなんて、いい日に生まれた」と素直に歓(よろこ)んでください。神々しいほどの美しさを土台にしているのですから、隠れても無駄な抵抗です。何をやっても結果を出せる強さを持っているので、22日に生まれたというギフトを味方につけて、自分の仕事はもちろんのこと、誰かのために役立つことをすれば、さらに人生が豊かになるでしょう。

生まれた日別　活かすポイント

22日生まれ／大きなスケールで理想を描く

LIST

外キャラ（才能数）でわかる「周りからこう見られがち」リスト

自分では気づいていなくても、他人からはこのように見えている……
というのが外キャラ（才能数）でわかります。
そこで才能数ごとに「自分はどんな人だと思われているの？」
リストをまとめました。
本来、得意とするところですので、使いすぎには気をつけながら、
活かしていきましょう。

才能数	
1	凜とした佇まいがかっこいい。ここぞという時、決断力がある人。
2	にっこり微笑むやさしさが好き。居てくれるとホッとできる人。
3	表情豊かでいつもおもしろい。楽しさが周りに溢れている人。
4	何にでもちゃんと取り組む姿勢がすごい。つい頼りたくなる人。
5	感心するほど機転が利く。チャキチャキッと気づけば動いている人。
6	困っている人を絶対に見捨てない。ハートがあったか〜い人。
7	こうと決めたら我が道を行く。とことん追求していくクールな人。
8	負けず嫌い!?　エネルギッシュな姿を応援したくなるがんばる人。
9	ついつい話を聴いてもらいたくなる。穏やかで安心できる人。
11	普通……ではない鋭さにいつも驚かされる。閃（ひらめ）きを持った感性の人。
22	只者ではない、と思えるほど何かがすごい。バイタリティがある人。

Column
03

とても不思議な数字の世界。個が輝くとみんなで自由になれる

本質数「3」の私ですが、学生時代に仲が良かった友達の数字を調べてみたら、圧倒的に多かったのが才能数「3」でした。12日生まれ、21日生まれと、身近な友人だけでも5人はいる！　とにかくみんなよく笑うし、無邪気♪ 特に、才能数は外キャラといわれ第一印象となる土台の数字なだけに、笑顔がとても似合う人たちばかりです。

また、ジュニアアスリートに向けてメンタルトレーニングをしていた時、物静かに話を聴いてノートを取っている子がいました。周りの子たちとワイワイするわけでもなく、「私の伝え方がよくないのかな……」と心配してしまうほどでしたが、後に熱心にワークを実践していると聞いたり、自ら手を上げて主将になり、大学でも競技を続けていたりすることを知った時は、驚くと同時に、その子が才能数「7」を持っていたことに納得したものです。

数字の意味ってすごいなと思う一方で、どんな時も先入観を持って見ることは危険だとも思います。コーチングの学びから、思い込みが関係性にマイナスな面をもたらす可能性を知っているからです。決して「○○タイプだ！」と決めつけてはいけないのですが、数字の意味に照らし合わせてみた時に、自分で「こういった面を持っている」と思い当たることがあれば、自己受容につながります。自己受容から他者信頼につながった先に、個が輝き、認め合うことから生まれる自由があると思っています。

2024年から「数秘LIFE®研究所」を立ち上げました。継続して学ばれてきた生徒さんたちと、数字を探究し、みんなで共創していく場所です。ロゴは宝船。数秘行動分析理論の配列を「宝船」に象形しました。込めた意味は、関わる人すべての可能性を信じて総和を目指すこと。「自己も他者も認め合い、しなやかに応じる」ことで、社会が成熟していくと確信しています。ルートナンバー「1」～「9」で宝船を、マスターナンバー「11」が風、「22」が波、「33」は海原を表現し、社会の一助となることへの祈りを込めて出航です。

第2章

マスターナンバーって結局なに？

マスターナンバーを持っている＝特殊な存在というわけではありません

数秘LIFEでは、「11・22・33」をマスターナンバーと位置づけています（※「44」を使用するケースもあります）。

もともと数秘術は、紀元前6世紀の哲学者・数学者、ピタゴラスによる、数の本質を探究する学問を起源としています。「宇宙のすべては、数から成り立つ」という思想に至ったピタゴラスは、ルートナンバーと呼ばれる1〜9と、10を含めた数字の持つ意味を解き明かしました。その後、ピタゴラス式が発展し、古代ユダヤの宇宙の真理を探究するカバラ（神秘主義）と統合して生まれたのがカバラ数秘術で、11と22というマスターナンバーとする数秘術の流派が増えています。そして現代では33が加わり、11、22、33をマスターナンバーが登場しました。

マスターナンバーは、高次のエネルギーとつながっていると考えられています。「高次とは何か？」をひと言でいうならば、見えない世界のこと。言葉では説明が難しい抽象的な世界をとらえる感覚、いわゆる**第六感や直感力に突出しているのが、マスターナンバーの特徴です**。

マイナンバー（3つの数字）にマスターナンバーを持っている人は、才能数・本質数・探究数のどこに持つかによって、現れ方に多少の差が出ますが、生まれつき感性が人より鋭かったり、視座が高かったりするので、**解像度の高いメガネで世界を見ているような感じが**

するのではないかとイメージできます。私自身はマスターナンバーを持っていないので、正確な感覚はわかりませんが、マスターナンバーを持つ家族がいることや、多くの方とセッションをする中で、明らかにルートナンバーとの違いを感じます。数秘行動分析ツールの球体イメージ図(※)で表しているように、マスターナンバーの数字は、ルートナンバーの軌道の外側に存在しているのです。

　この特性を「うらやましい」と思うルートナンバーの人もたまに見かけますが、**数字に吉凶はないという基本原理がある**ように、**マスターナンバーだから優れているということはありません**。高次のエネルギーとつながるというポジションにいる、というだけのことです。感覚の繊細さは、現代社会では生きづらさになってしまうこともあります。自分にはそういう性質があるということを知ることが大切だといえるでしょう。

※「数秘LIFE」公式HPの「数秘行動分析ツール」ページでは、イメージ映像をご覧いただけます。

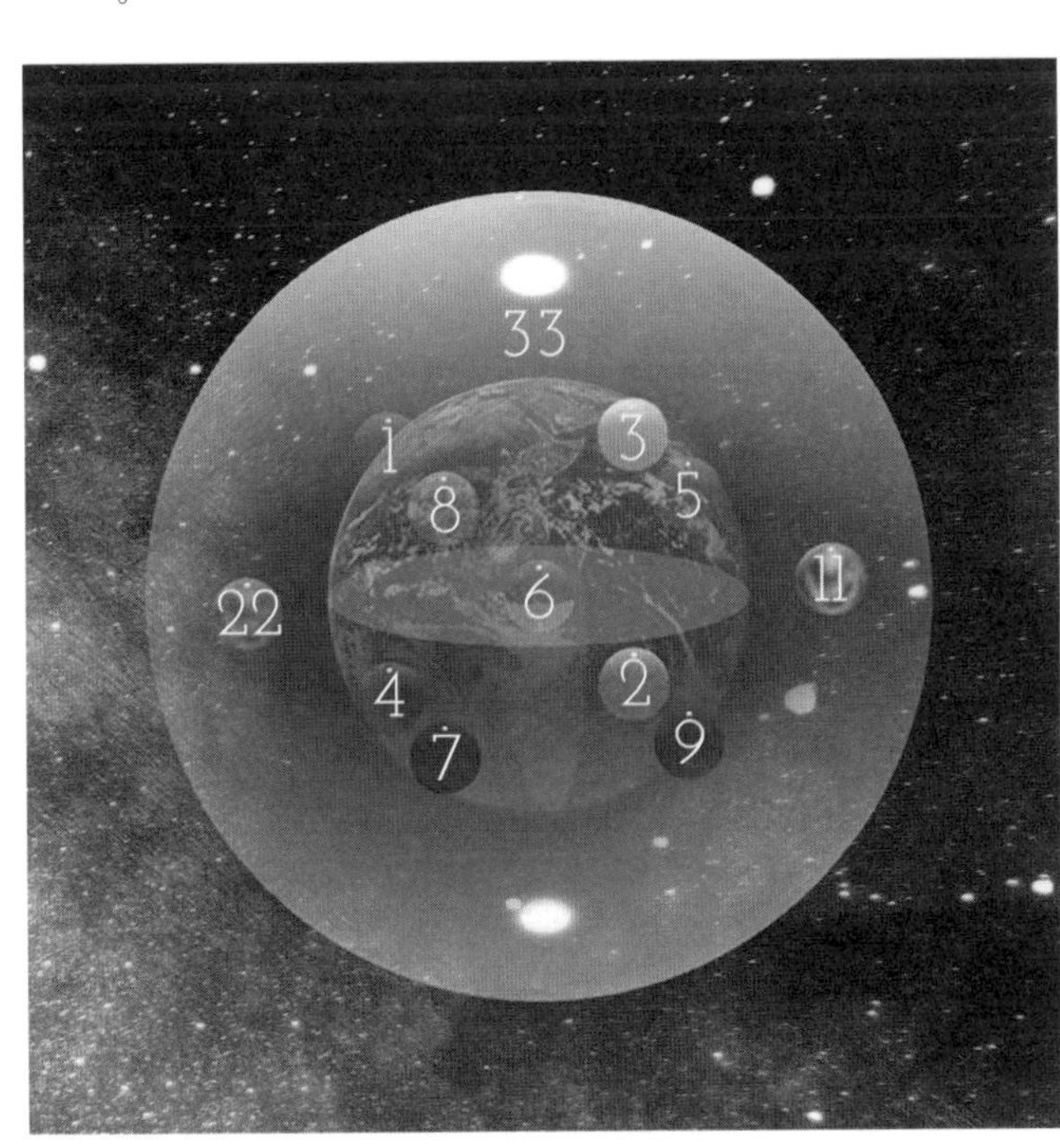

数秘行動分析ツールの球体イメージ

11と22と33が高次のエネルギーとつながる理由

マスターナンバーは、なぜ高次のエネルギーとつながっているのでしょう？　「生命の樹」から、その理由を考えます。

古代ユダヤ人たちが秘儀として伝えてきたカバラ（神秘主義）は、天地創造の世界観を表す「セフィロトの樹（生命の樹）」の図（8ページ参照）が元になっているといわれています。10個の思想（円・セフィラ）が22本の道（小径・パス）で組み合わさり、宇宙原理が示されるのです。「1はケテル（王冠）」「2はコクマ（知恵）」「3はビーナ（知性）」「4はケセド（善）」「5はゲブラ（力）」「6はティフェレト（美）」「7はニサ（勝利）」「8はホド（名誉）」「9はイエソド（基礎）」「10はマルクト（王国）」。そして隠れたセフィラとして**11個目の「ダアト（知識）」**があります。ダアトの知識とは、学ぶ知識というより、もともと在るもの、神から授かった高次の知識という意味になります。他の10個のセフィラとは異なり、**「異なる次元にあるもの」「高次の意識」**と意味づけられています。

謎のベールに包まれた神秘性は「**22**」も同様。セフィラをつなぐ22本の道は、宇宙原理を表す生命の樹になくてはならないものであり、**神秘の扉を開ける霊的意識**を含むといえるでしょう。

また33は「11＋22」で現れ、セフィロトの樹の全体を表す数字です。**宇宙そのもの**であり、**光**となって地上を照らしてくれているように思えます。

マスターナンバーの人同士は非言語コミュニケーションが得意？

メラビアンの法則というものがあります。コーチングの世界では、コミュニケーションの知識として大切なことのひとつとされています。心理学者のアルバート・メラビアンが提唱したもので、コミュニケーションにおける言語、聴覚、視覚の影響がどの程度なのか、その割合を明らかにした法則です。

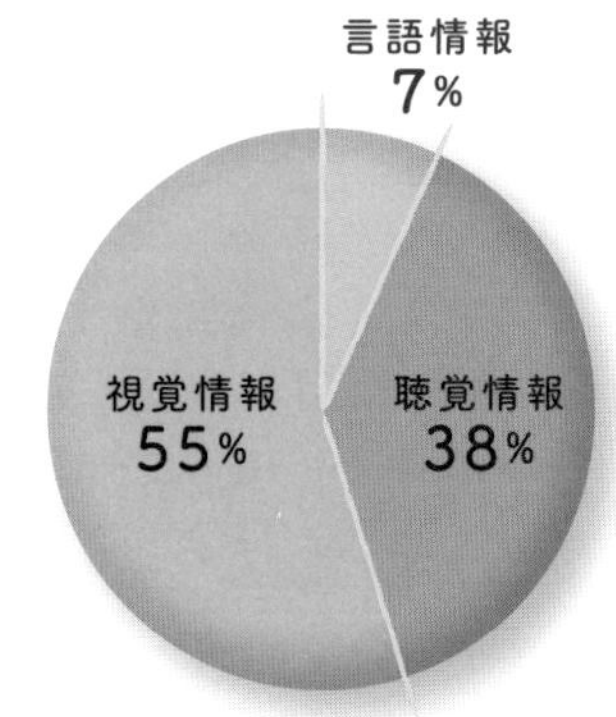

これによると、**人は言語情報から7％しか影響を受けていない**といいます。最も大きいのは、視覚情報で55％。「第一印象が大切」だとか「見かけが9割」といわれる所以（ゆえん）です。つまり、私たちは知らず知らずのうちに、非言語でのコミュニケーションもしているのです。ただ言葉の持つ威力の前に、どうしても言語外に意識を向けるのが難しかったりします。**マスターナンバーを持つ人たちは、この非言語コミュニケーションが得意なのではないかと思います**。見えない世界のエネルギーをキャッチして、本質を見抜く力があり、表現できる。ルートナンバーの人には伝わりにくかったり、理解しにくかったりするかもしれませんが、マスターナンバー同士では、以心伝心でコミュニケーションができているようです。もしかしたら最先端のポジションに立つ人類として、少し違った景色を見ているのかもしれませんね。

マスターナンバーの複雑さって、どういうことなの？

カバラ数秘術から取り入れられたマスターナンバーについて、**忘れてはいけない大事な概念は、「11」は「1＋1＝2」、「22」は「2＋2＝4」、「33」は「3＋3＝6」をそれぞれ基盤に持っていること**。最後の1桁まで足し込んで数字を導き出す数秘術計算の約束事に沿った考え方で、ピタゴラスの説「数字には意味がある」に基づきます。「11」は「2」の意味「受容、応答、繊細」が、「22」は「4」の意味「現実性、安定、くつろぎ」が、「33」は「6」の意味「愛、支援、真実」があります。さらに構成している数字の意味（波動）も加味して、「11」は「1が2つ」、「22」は「2が2つ」、「33」は「3が2つ」と考えます。また「11」はカバラ数秘術の中で最初に現れるゾロ目。22なら「11×2」、33なら「11×3」であり、第六感を表す「11」は、波動が大きくなればなるほど作用する力も強く、より肯定的に扱う意識が必要でしょう。

私の好きな本『宇宙時計』（絵・文／辻麻里子）には、図形1から図形36まで、光の幾何学が描かれています。万華鏡のように変化し続ける幾何学的な光のパターンを見ると、「9」という数字が「1～8」までを包括しているのと同じように、「11」は「1～10」を、「22」は「1～21」を、「33」は「1～32」を包括していることに気づきます。

これだけ**複雑な要素を持ち合わせている**ので、**ルートナンバーとは違う土壌に在るもの**なのだととらえると、マスターナンバーへの理解が深まるでしょう。

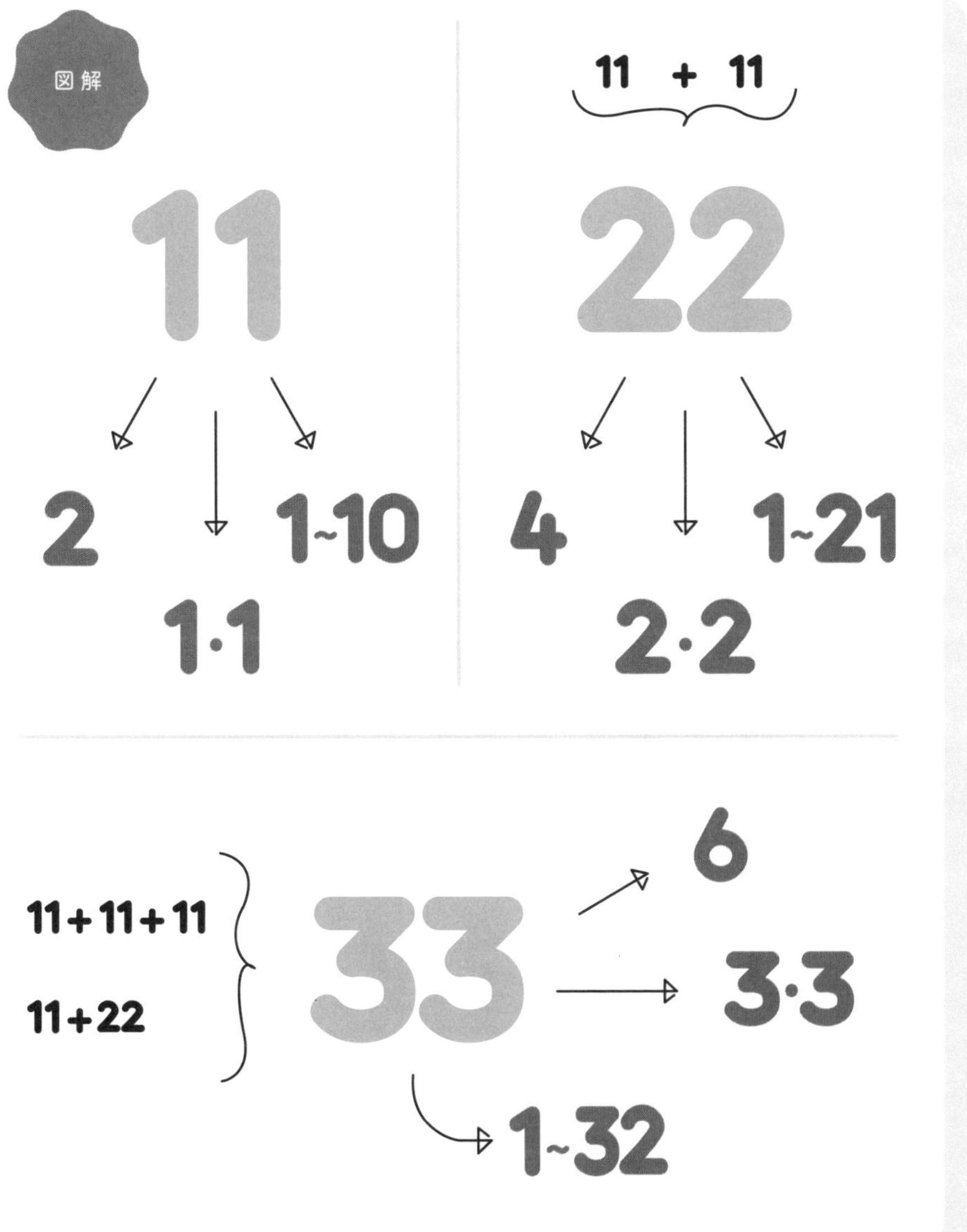

図解

11 + 11

11

2

1·1

1~10

22

4

2·2

1~21

11+11+11

11+22

33

6

3·3

1~32

数秘行動分析で見るマスターナンバーさんの特徴とは？

71ページでお話しした、数秘行動分析ツールの球体イメージ図を、今一度ご覧ください。マスターナンバーの数字は、ルートナンバー（1～9）の外側の軌道を回っています。先述した「ルートナンバーとは違う土壌」をビジュアル化すると、このようなイメージになります。

数秘行動分析ツールは、数秘で扱うすべての数字の性質を行動特性に適合させて生まれたオリジナルのコミュニケーションツールです。「主導的」「社交的」「共感的」「緻密的」「調和的」「直観的」の6つのタイプに分かれていて、それぞれの行動特性を読み解きながら、円滑なコミュニケーションへのヒントを探っていきます（9ページ参照）。

マスターナンバーの「11」「22」「33」は、「直観的」タイプに分類されます。**直観的タイプは、コミュニケーションに苦手意識を持つ傾向が見られ**、良くも悪くも「どこか少し変わっている人……」と思われてしまうケースがありますが、とてもこれだけでは語れるはずがありません。

マスターナンバーが持つ複雑性（74ページ）のことを踏まえると、多角的に読み解かなければならず、それゆえに、マスターナンバーを持たない人からは、時として理解されづらかったり、「変わっている人」のひと言で済まされてしまったり、コミュニケーションがうまくいかない……なんてことになってしまう場合もあるでしょう。

特に、才能数に現れるマスターナンバーは、「直観的タイプ」として見るだけではなく、生まれた日にちを構成する数字の行動特性も見ていく必要があるため、複雑さは増していきますが、より「自分」というものが立ち現れ、自分を知ることにつながります。

＊11日生まれ　1と1→主導的タイプ&主導的タイプからの11→直観的タイプ
＊29日生まれ　2と9→共感的タイプ&共感的タイプからの11→直観的タイプ
＊22日生まれ　2と2→共感的タイプ&共感的タイプからの22→直観的タイプ

円滑なコミュニケーションに関してコーチングの視点からいえることは、**どんな時もまずは「先入観を持たない」ことに徹する**ということです。これは少々トレーニングをしないと難しいことかもしれませんが……。心理学用語で「ネガティブバイアス」という言葉があり、人はポジティブな情報よりもネガティブな情報に注意を向けやすく、記憶にも残りやすい性質を持つことを表します。本来なら、「ルートナンバーとマスターナンバー」と分けることも、私にとって本意ではないのですが、「**違いには大きな価値がある**」「**間違い探しではなく、違いを知ることが大切である**」という想いから、今回は取り上げました。

マスターナンバーの特徴

11

マスターメッセンジャー

革新

豊かな感性

「抽象的な考えを
言語ではない分野で
役立たせる」

マスターナンバー「11」は、**とにかく繊細な感受性を持ち合わせています**。その感度の高いアンテナは、高次元のエネルギーをキャッチし、見えない世界と現実世界をつなげています。その豊かさで満ち溢れた感性は、芸術などの創造的世界に向けられた時、最大限に発揮することができるでしょう。

繊細であることは、この現実社会において、時に生きづらかったり、他者とのコミュニケーションがうまくいかなかったりすることもあるかもしれません。けれども、そのことに過敏にならないでくださいね。自分は繊細であるということを受け入れ、その類いまれな直感力を味方にすれば、**多くの人をインスパイアする存在**になります。

11の持つカラー　**シルバー**　**メタリックな鋭い感じで洗練された色**

11の持つカタチ　**高次元の世界とつながる、ピンと立ったアンテナ2本**

マスターナンバーの特徴

22

マスタービルダー

大いなる世界

バイタリティ

「抽象的な考えを具現化し、社会に役立たせる」

高次元のエネルギーとのつながりを、「11」はクリエイティブな世界に活かすのが特徴ですが、「22」は**この世界に根づかせていく力を持っています**。ベースに「4」があり、「2」のエネルギーを2つ持っていることになるため、「2」の受容性と「4」の具現性を兼ね備えているのです。その影響力は大きく、広範囲にそのパワーが作用します。偉人やスポーツ選手など表舞台に立つ方の多くが、この「22」を持っているというのも、頷けます。

本質を見抜く能力と実行力を伴うカリスマ性を持つ反面、好き嫌いもはっきりしているので、敵を作ってしまうことも。できるだけ内面のくつろぎを大切にすると、「22」の能力がより発揮され、世の中に好影響を及ぼすでしょう。

22の持つカラー ゴールド　どこにいても目立つゴージャスな黄金色

22の持つカタチ 大きな器で、理想を現実化

マスターナンバーの特徴

33

マスターラブ

菩薩

光

「抽象的な考えを独創的な個人の在り方で役立たせる」

マスターナンバー「33」は、その複雑性から考えても、「11」や「22」とも異なった次元にいます。高次元のエネルギーは、別の言い方をすると愛そのものなのですが、その**宇宙的な愛をキャッチして、シェアしていく力を持っている**のです。その影響力の大きさは、一般的な常識など、簡単に突き抜けてしまうほどのもの。

観音様が33の姿に変身できるといわれていますが、この数字も意味深いですよね。観音様は、人々の苦しみの声を聴いて救いを与えてくださる存在。そこには、慈悲慈愛、無償の愛がベースに流れています。「33」には、そんな**愛の領域と物質世界を股にかけることのできるスケールの大きさがある**のです。

33の持つカラー

レインボー　グラデーションが変化する希望の色

33の持つカタチ

無欲な世界にある愛と美

Column

04

マスターナンバーがないと直感力がないの？

卓越した感受性をキーワードに持つマスターナンバー「11」「22」「33」。高次のエネルギーとつながる数字といわれ、芸術の世界等、独創性を発揮する人生を歩む方が多いのですが、その一方で、「マスターナンバーがないと直感力がないの？」と感じる方もいるかもしれません。

数秘は、占いという側面の他に「世界で最も古い分析学のひとつ」といわれていることを踏まえ、音楽家や画家の方々のマイナンバーを見ていきましょう。

セザンヌ(1839.1.19) …1・5・11
モネ(1840.11.14) ………5・2・7
ゴッホ(1853.3.30) …… 3・5・6
ピカソ(1881.10.25) ……7・8・8
シスレー(1839.10.30) … 3・7・4
ルノワール(1841.2.25) … 7・5・9
マティス(1869.12.31) … 4・4・7
シャガール(1887.7.7)…… 7・11・5

19世紀～20世紀初めを代表する8名の画家を見ると、才能数に「11」(11日生まれ、29日生まれ)や「22」(22日生まれ)を持つ人はいません。また計算しながら気づいたのは、皆さん「5」か「7」をマイナンバーに持っているということ。

「5」はエネルギー＝氣を扱う数字で、瞬間に意識がつながる数字です。「7」は内省的で、探究していくことを得意とする職人気質の数字です。どちらの数字も、画家として絵を描く時に発揮されていることが想像できます。あくまでも8人の方々だけですが、「芸術的直感力って何？」と考えると、マスターナンバーだけに現れるものではないことが統計的に読み解けます。

10人の音楽家も同様に見てみましょう。やはり「5」もしくは「7」はモーツァルト以外の皆さんのマイナンバーに現れました。もっとデータを集めていくと、統計学として何か見えてくるのかもしれません。数字が持つ神秘性を、まさにこういう時、強く感じます。

バッハ(1685.3.31) ………4・9・7
モーツァルト(1756.1.27) …9・11・1
ショパン(1810.3.1) ………1・5・4
リスト(1811.10.22) ………22・7・5
チャイコフスキー(1840.5.7) …7・7・3
ハイドン(1732.3.31) ……4・2・7
シューベルト(1797.1.31)……4・11・5
シューマン(1810.6.8) ……8・6・5
ブラームス(1833.5.7) ……7・9・3
ラフマニノフ(1873.4.1) ……1・6・5

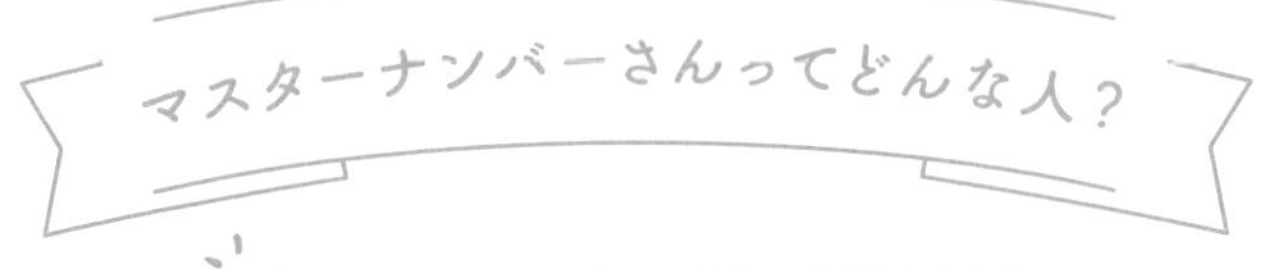

リアルな体験談を集めてみました

マスターナンバーを持つ人たちは、どんなふうに自分を感じて、どんなふうに生き方をデザインしているのでしょうか。「マスターナンバーを持っている」ことを知ってから、より自分らしく生きられるようになったという人が多いようです。リアルな声をお届けします。

11

Uさん

才能数…………9
本質数………11
探究数………11

たとえば、企画会議でブレーンストーミングをしていても、聞いた内容から刺激を受けてアイデアが浮かび始めると、もうまったく別のことを考え始めてしまいます。一度、zoneに入ってしまうとなかなか帰ってこられない。直感がいつも冴えているとは限らず、落ち着いた状態でないと真価を発揮できません。かといってぬくぬくしていると全然ダメ。適度な緊張感、スリルを感じているほうが冴えてくるように思います。

コミュニケーションでは、不特定多数の人とたくさん交流するというより、ある特定の人と深く交流するほうが安心します。初対面だと言語以外の刺激が、精神的負荷になってしまうからです。

Fさん

才能数	11
本質数	9
探究数	8

幼い時から、目に見えないことがとても大事だと思っていました。そして、自分の感覚が周りと異なることに、少し疎外感を感じていたのも事実です。マイナンバーを知ってから、そんなみんなと違う感覚は「11(そして9)」の影響だからなのかと納得し、ようやく落ち着くことができました。判断を迫られる場面で、どこから来るのかわからないけれど、自信満々の答えを出す自分にびっくりすることがよくあります。また、マスターナンバーを持っている人が、周りに多いような気がします。

22 11

Nさん母

才能数	11
本質数	22
探究数	5

11日生まれでしたので、直感というか、霊感を持っていたようで、その資質が22をより強くしていたのでは……と、今になってみると考えられます。

とてつもなく大きな信念が心の中にあって、それを実現させるために、驀進（ばくしん）するタイプの人でした。でも、ハチャメチャに突き進むのではなく、進む方向や進み方を熟考してから、計画を実行する感じでした。いろいろと言う人がいても、バシッと論破し、理路整然と意見を言う。相手の本質を見抜く力を持っていました。

Sさん

才能数	8
本質数	33
探究数	11

本質数「33」を意識して振り返ってみると、日々の色々な思いを、よくも悪くも常に心の中で自問自答していて、あまり外には出しません。アウトプットが苦手なこともありますが、自分で納得すれば人目を気にせず行動しています。

また、ボランティア精神が旺盛なので、ついいろんな所に首を突っ込んでしまいがち。たとえ「偽善行為」と言われても行動することが一番大切だと考えています。自業自得の観点からすれば、精神的にはとても自由だと感じています。

11

Aさん

才能数	5
本質数	11
探究数	11

本質数と探究数が11です。子どもの頃は「2」の方が強く出て神経質でした。行動は、直感派。息子の短大卒業式の日に就活コーナーで見たポスターの「園芸療法士」という文字が光って見えました。帰宅してすぐ調べて受講。「これだ！」と思って取り組んだことにハズレはなかったと言いきれます。恋愛も、教室ですれ違った瞬間に電撃的に恋に落ちたり、職場での探し物をすぐに見つけたり。無意識にアンテナを立てていたような気がします。

33

Hさん姪

才能数	4
本質数	33
探究数	9

とにかく人のお世話をするのが大好きなのですが、やりすぎってくらいやってしまいます。気が利きすぎる。それで疲れて自分も疲弊してしまいます。思い通りに周りを動かしたいという気持ちがあり、結果として、みんなが思い通りに動いてくれることが多いです。

一生懸命お世話をしているのだから、自分もみんなに愛情を注がれたいところがあるのだと思います。おおらかなところもあるけれど、振れ幅が広すぎて、周りには理解されにくいことが多いかもしれません。

Yさん

才能数	22
本質数	3
探究数	3

小さな頃から高い理想を持っていて、それを実現する力や実現できる環境に居たので、運がよいと感じています。「やろう！」と決めたときの実行力は、我ながらすごいと思います。器用でだいたいのことはそつなくオールマイティにできます。それゆえ、他人から色々な仕事を頼まれて、しんどくなってしまう時もあります。リーダーよりはサポーター的な位置の方がやりやすいです。直感はよく当たるほうです。自己主張が強い分、ワガママに見られることもあり、人生が波乱万丈傾向にあります。

Column
05

運が強い大物？ 22日生まれ（才能数22）

私が読み解きの中で気づいたことのひとつに「22日生まれの人は運勢が非常に強い」という特徴があります。自分の土台となる数字に「22」を持って生まれた強運のもと、努力をして大成するケースが目立ち、厳しい場面であればあるほど、力を発揮していくタイプと言えます。

◉1月22日生まれ／星野仙一（1947.1.22）…22・8・5／中田英寿（1977.1.22）…22・11・5
◉2月22日生まれ／ジョージ・ワシントン（1732.2.22）…22・1・6／三浦 環（1884.2.22）…22・9・6
◉3月22日生まれ／草間彌生（1929.3.22）…22・1・7／大橋巨泉（1934.3.22）…22・6・7
◉4月22日生まれ／冨田 勲（1932.4.22）…22・5・8／三宅一生（1938.4.22）…22・11・8
◉5月22日生まれ／ノバク・ジョコビッチ（1987.5.22）…22・7・9／高木美帆（1994.5.22）…22・5・9
◉6月22日生まれ／秋山豊寛（1942.6.22）…22・8・1／シンディ・ローパー（1953.6.22）…22・1・1
◉7月22日生まれ／原 辰徳（1958.7.22）…22・7・11／内村光良（1964.7.22）…22・4・11
◉8月22日生まれ／みのもんた（1944.8.22）…22・3・3／タモリ（1945.8.22）…22・4・3
◉9月22日生まれ／吉田 茂（1878.9.22）…22・1・4　北島康介（1982.9.22）…22・33・4
◉10月22日生まれ／草笛光子（1933.10.22）…22・3・5／イチロー（1973.10.22）…22・7・5
◉11月22日生まれ／シャルル・ド・ゴール（1890.11.22）…22・6・6／前澤友作（1975.11.22）…22・1・6
◉12月22日生まれ／安徳天皇（1178.12.22）…22・6・7／塚原光男（1947.12.22）…22・1・7

他にも女優さんで菅野美穂さん、北川景子さん、吉高由里子さんも22日生まれで、「22」という数字に秘められたパワーを感じずにはいられません。

ただし「22」は、運が強すぎるがゆえに振り回されてしまうと、周りとの調和が難しくなってしまうという特徴もあります。

「22」という数字が才能数に現れる時は、本質数に現れる時のように「22を生きる」ではなく、「22と仲良くなる」ことによって、生まれ持ったバイタリティを活かすことができ、カリスマ性を備えた大物になる素養があると言えます。

Hint

ルートナンバーさんから見た

マスターナンバーさんとのコミュニケーションのヒント

「あの人、ちょっと変わってるよね」

マスターナンバーさんたちは一見すると理解しにくい時があり、ルートナンバーさんたちは、「変わっている」のひと言でまとめてしまうことが多いかも……。

再三申し上げているように、マスターナンバーさんは、変わっているのではなく、視座と視点の違いから、見えている世界が少しだけ違うのです。今まで正しいと教えられてきた常識や世界観が覆されつつある今、もしかしたら、マスターナンバーさんたちは、本質や真理を見抜いているのかもしれません。

「よくわからないから」という理由でコミュニケーションを避けるのではなく、非言語のコミュニケーションに比重を置き、相互理解を深めていきましょう。

※内的本質を表す「本質数」でご覧ください。

本質数 1 × マスターナンバー

「聴く力を発動させる」

「1」を持つ人は、自分を大事にしています。つまり、それほど他人のことを気にしていないので、相手がマスターナンバーさんであろうとなかろうと、関係ありません。けれども、何かのプロジェクトなどでチームを組んだとき、自分のペースに乗ってこないなという感じを抱いたり、イニシアティブを取りたいときに言葉が嚙み合わず、意思疎通がしにくいと感じてしまうことがあるかもしれません。

そんなときは、ひと呼吸おいて、あえて聴く力を発揮。相手の言っていることをよく聴いて、行間を読み取り、ちょっと異なる表現をしてきても、その本意をすくい取るようにしてみてください。停滞していた流れが動き出すでしょう。

本質数 2 × マスターナンバー

「言葉にして尋ねてみる」

もともと協調性と受容性を持っている「2」の人なので、マスターナンバーさんとも滞りなくコミュニケーションをとることができます。

Hint

ただ、受容しすぎて自分軸を失ってしまうと、疲弊してしまうことがあるので要注意。いつも受け容れるだけでなく、マスターナンバーさんの不可解な言動があった場合は、チャレンジだと思って「それはどういうことなの?」と、言葉にして尋ねてみましょう。信頼関係を深めたいときは、なおのこと。自分の思いを言葉にすることで、相手との相互理解を深めることができます。

しなやかさの中でたまに出す「押す力」は、かなり効きます。

本質数

3 × マスターナンバー
「お互いに心地よい関係」

好奇心旺盛で表現者である「3」の人は、マスターナンバーさんのちょっと異なる質を、おもしろいと感じるでしょう。マスターナンバーさんとの会話が弾めば弾むほど、クリエイティビティが発揮され、お互いに心地よさを感じます。

他者から見ると、破天荒で、はちゃめちゃなコミュニケーションかもしれません。二人の間に入っていくのは、超高速スピード(あるいは、超オリジナルのフリースタイル)の大縄跳びに途中参加するようなもの。かなりのテクニックが必要です。

基本的に、「3」の人とマスターナンバーさんの相性は抜群。うまく波動とリズムが合えば、楽しみながら、いろいろなことをともに創造していく関係になるでしょう。

本質数

4 × マスターナンバー

「お互いに学びの多い関係性」

内面のくつろぎとリラックスを求める「4」の人にとって、マスターナンバーさんは穏やかな水面をかき乱される存在かもしれません。マスターナンバーさんの発する言葉だけをとらえていると、自分の内側が混乱状態に陥ってしまうので、できるだけ言葉尻を追わずに、相手の非言語メッセージを読み取るようにしてください。

また、マスターナンバーさんは、正しくあろうとする「4」の人にどう接したらよいのかわからず、戸惑ってしまうかも……。相性が悪いということではなく、お互いに学びの多い関係性だととらえて、言語外コミュニケーションにトライしてみましょう。

Hint

本質数

5×マスターナンバー「アイコンタクトが大切」

瞬間のエネルギーを発揮する能力が高い「5」の人にとって、マスターナンバーさんとのコミュニケーションは、それほど苦痛ではないはずです。たとえそれが、落ち着きのない会話になってしまったとしても、あまり気にしません。

つかず離れずの距離感を保ちながら、周りから見ると「大丈夫かな？　あの二人」と思われるかもしれませんが、大丈夫。同じ空間に一緒にいて、会話をしていようがいまいが、相手の目を見ていれば、万事ＯＫ。アイコンタクトを大切にしていれば、「5」の人とマスターナンバーさんの関係は、うまくいきます。

ただし、視線を外してしまうと、お互いに違う方向へ飛んでいってしまう可能性があります。ご注意ください。

本質数

6 × マスターナンバー「ハートからの関わりを持つ」

まず人の気持ちを大切にする、愛に溢れた面倒見のいい「6」の人なので、マスターナンバーさんとも、分け隔てなく関わりを持とうとします。基本的に、それでうまくいっていれば問題はありませんが、「6」の面倒見のよさが、過剰気味なお節介になってしまうと、マスターナンバーさんは窮屈に感じてしまうこともあるでしょう。マスターナンバーさんに対する行為が、「ハートから来るもの」なのか「正しさをぶつける」ものなのか、自分自身を冷静に見つめるようにしましょう。

マスターナンバーさんは、とても素直な人たちなので、コントロールされているように感じた途端に、バタバタと抗い始めます。自分と相手を俯瞰して見るのが、コミュニケーションの秘訣です。

本質数

7 × マスターナンバー「神秘性でつながる関係性」

マイペースで自分の世界を大切にしている「7」の人にとって、マスターナンバー

Hint

さんはあまり気にならない存在です。

表向きはクールな関係性に見えるかもしれませんが、この二人は、神秘性というキーワードでつながれるのが、興味深いところ。なぜ神秘性なのかというと、「7」の人が得意とする「内省」と、マスターナンバーさんが得意とする「高次元」は、同じ質を持っているからなのです。

ある意味、相性の良いこの組み合わせ。お互いの世界を尊重し合えれば、おもしろい化学反応が起きることもあるでしょう。

本質数
8 × マスターナンバー

「パワーとペースのバランスをとる」

現実的で目的意識がはっきりしている「8」の人なので、マスターナンバーさんのつかみどころのない言動や表現を理解できないことがあるかもしれません。

そんな時は、イライラせずに、相手を映し鏡だと思い、「自分の中にある気づかない部分」を見せてくれているのだ、と思うようにしてみましょう。

バランス感覚に長けている「8」の人なので、相手のペースと自分のペース、相手のパワーと自分のパワーのバランスをとるように心がければ、うまくいきます。

くれぐれも、「8」のパワフルさを前面に出しすぎないよう注意。パワーで巻き込まないことが、円滑なコミュニケーションの得策です。

本質数
9 × マスターナンバー 「慈愛と奉仕で良好な関係性」

慈愛に満ちたメンター（指導者）でもある「9」なので、マスターナンバーさんとの関係も良好です。究極の世話焼きともいえますが、すべてを許容する大きな愛の器があるので、マスターナンバーさんもそれを心地よく感じるでしょう。

ただし、あまりにも自分を投げ出しすぎないよう気をつけてください。「9」の人は決して見返りや感謝の気持ちを求めることはありませんが、マスターナンバーさんは「9」の人の愛の深さに気づかないこともあるからです。寄り添いすぎて自分を疎かにしてしまうと、共感疲労が出てしまうかもしれません。

マスターナンバーさんだからと特別な感覚を抱くことなく、気負うことなく、今まで通り「9」の本領を発揮していれば、大丈夫です。

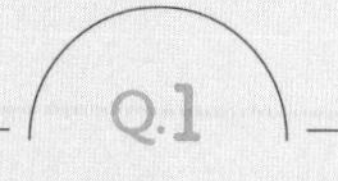

マスターナンバーを持つ私と持たない姉

姉との仲は悪くないのですが、時々意見が激しく衝突し、なかなか理解し合えません。なぜなのでしょうか。

○ 私：1980年2月2日→才能数2・本質数22・探究数4
□ 姉：1978年5月7日→才能数7・本質数1・探究数3

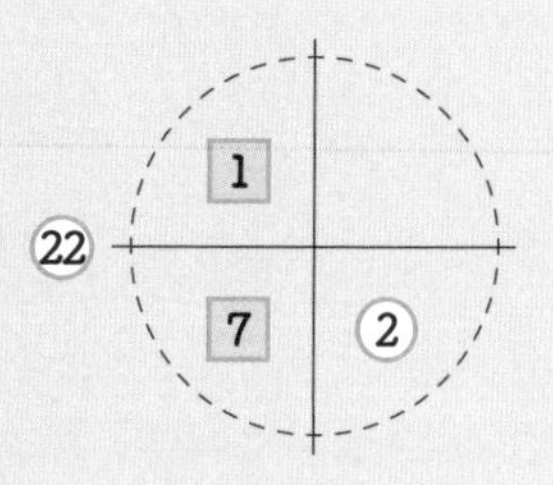

※コミュニケーションスタイルは才能数と本質数に表れるため、数秘行動分析ツールではこの2つの数字で読み解きます。9ページの図を参照。

A

得意な面として常に現れ、性格の土台にある才能数（外キャラ）が、お姉さんは「7」で淡々と我が道をいくタイプ、あなたは「2」の受容性が高い聴き上手タイプ。普段は特にぶつかることはないと思われますが、いざ衝突すると、本質数（内キャラ）「1」を持つお姉さんが、意志を強く主張してきます。「1」はあやふやを好まず、はっきりと意見を言いますし、あなたも、マスターナンバー「22」という大変強い自我を持つため、衝突するとどちらも簡単には引き下がりません。

「1」はある意味、単純素朴で周りのことを気にしますが、「22」は具現化させるダイナミックさがあり、圧倒的な影響力を持ちます。「1」のお姉さんからすると、とても手強い相手なのです。無理にコントロールしようとはせず、適度な距離から良好な関係を築きましょう。

Q.2

マスターナンバーを持つ 夫と 持たない私

私は子育ても仕事もがんばっているつもりですが、子育てに関して夫は少し放任主義のようで、価値観の違いが気になります。

○ 私：1990年12月13日生まれ→才能数4・本質数8・探究数7
□ 夫：1987年3月11日生まれ→才能数11・本質数3・探究数5

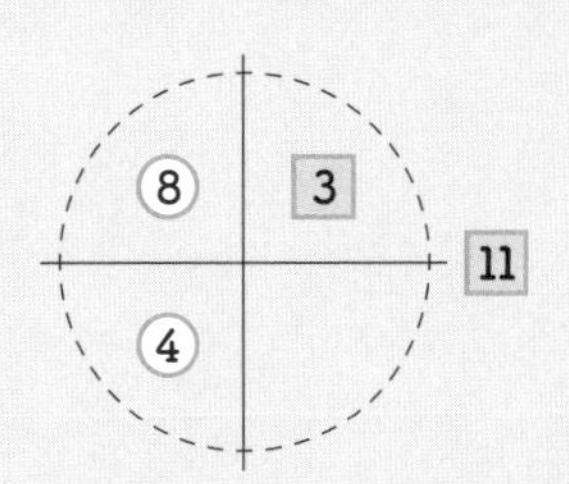

A

きっちりとした性格のあなたは「何事にもがんばりたい！」という思いがあります。周りから見ると、子育ても仕事も手を抜くことを一切せず、パワフルな人に見えますが、内面に抱える一番の恐れは、失敗への恐れ。無理をしてでも何とか乗り越えていくエネルギッシュな性質を持っています。

一方、旦那さまは感性の人。豊かな感受性と、表現豊かな創造力を持ち、閃きで行動をしたり、創造の世界へ気持ちがのめり込んだり……。一見放任主義に見えますが、結果より奥さまにプロセスを大事にしてほしいという思いがあるのかもしれません。

数秘行動分析ツールの横軸で価値観を見たとき、見事なまでに別々なお二人は、お互いが違った価値観で2倍にも3倍にも広い世界観を子どもに示してあげられる。そのような補完し合う関係にOKを出してあげましょう。

Q.3

マスターナンバーを持つ両親と持たない私たち

家族仲は良好ですが、友人たちに両親の話などを聞くと、何か私の両親は雰囲気が違うような気がします。弟も昔から同じようなことを感じていたそうです。

A

お互いの関係性を読む上で、同じ数字があるかどうか？　をまず見ます。

それは「数字には意味がある」という前提で、思考のクセや行動パターンを読み解いていくので、共通するツール（数字が持つ行動特性）を確認するためです。そして、次に必ず見るのが、マスターナンバーが現れているかどうか。マスターナンバーはゾロ目の中に基本となる数字を持ち、さらに多様な面を読み解く必要がある、とても複雑な数字たち。今回は両親ともにマスターナンバーを持っている家族を読み解いていきます。

まず、ご自身のマイナンバーを見ると「9」と「6」のみです。どちらも自分以外の誰かに向けられる、情感溢れる数字たちです。あなたは家族の中で、全員の仲を取り持つ役割を常にしていることでしょう。

また、弟さんのマイナンバーを数秘行動分析ツールの縦軸で見た時、アウトプットの速さが目立ちます。行動力を示す才能数（外キャラ）「5」と、パイオニア精神を表す本質数（内キャ

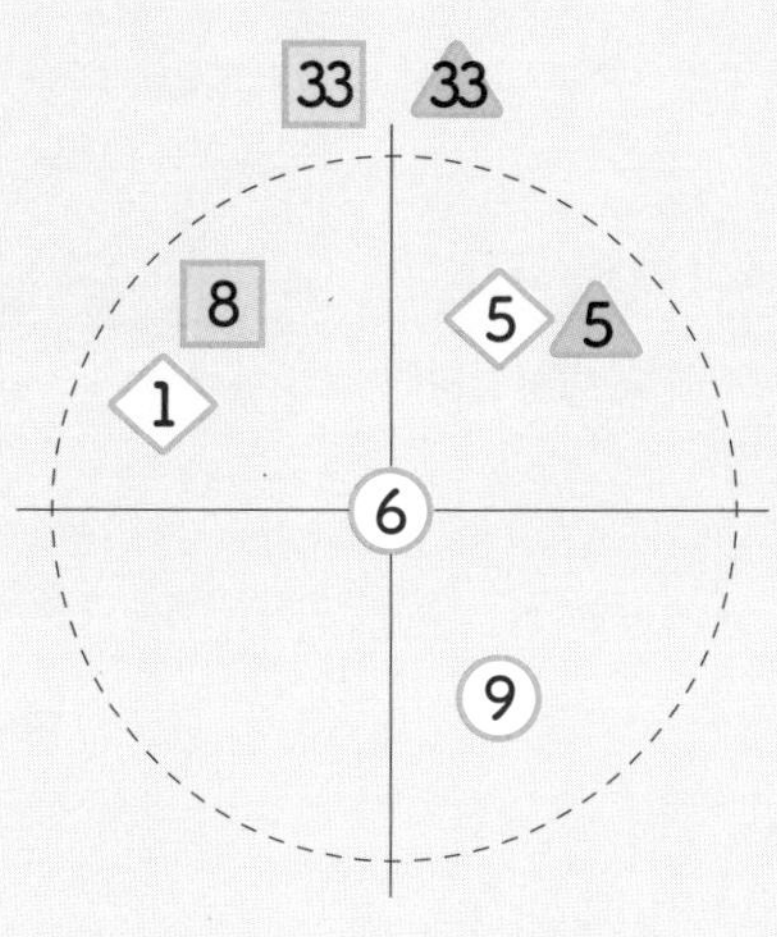

□ 父：1966年12月8日↓
才能数8・本質数33・探究数11

△ 母：1968年4月14日↓
才能数5・本質数33・探究数9

○ 私：1998年6月18日↓
才能数9・本質数6・探究数6

◇ 弟：2000年3月5日↓
才能数5・本質数1・探究数8

ラ）「1」は、自らの意志で生きる力強さを感じます。

同じ数字が現れないので、二人それぞれに理解できない時があるかもしれませんが、そんな二人から見て、明らかに自分たちの両親は何か他とは違うものがあるような気がする……。

マイナンバーに現れる12種類の数字で一番、波動が大きく、最も複雑な数字がマスターナンバー「33」です。独創性があり個性豊か。理解不能なときは宇宙人？ 「33」を生きる本人たちからしてみれば、子どもの頃からどこか周りとは違う自分に気づいていたり、生きづらさを感じていたり、困難なシチュエーションに遭遇することも多い「33」ですが、生き様が放つオーラが普通ではない……。

誰も真似をすることができない唯一無二の個性を持って生まれてきたといわれています。

不思議さは天からのギフトで素晴らしい個性。「33」でしか見せることのできない両親の無償の愛を受け取っていきましょう。

数秘行動分析ツールから

マスターナンバーを持つ人の読み解き例

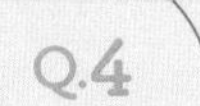

マスターナンバーを持つ友人たちと持たない私

学生時代からの仲良し４人組で、よく旅行に行きますが、旅先で「やっぱり○○に行こう」と言い出す人が多く、いつも計画通りに回れません。

A

仲良し４人組。皆さんのマイナンバーにはそれぞれそれぞれを思う数字が現れているのがわかります。マスターナンバーが多く現れていますが、それも仲がいい現れです。

唯一マスターナンバーを持たないあなたは、頼りがいがあり、機転が利きます。みんなの意見がバラバラになりそうな時、持ち前の反応力で臨機応変に場を整えているのではないでしょうか。

本音として持つ本質数（内キャラ）「6」が全員をまとめているといっても過言ではなく、みんなのためにやりすぎて空回り……なんてこともよくあるように思えます。

このメンバーで発言力の強さを見たらBさんの他にはいません。才能数（外キャラ）に持つ「22」は、生まれた日にちの中でもナンバーワンといえるほど、運の強さとバイタリティの持ち主。

さらに、本質数（内キャラ）に自立を表す「1」を持つため、一緒にいる人によっては、ついていくのが大変かもしれません。

マスターナンバーを持つ者同士は、言葉にしなくてもわかり合えるという、まるでテレパシーのような手段でコミュニケーションができる人たちです。そして、マスターナンバーを持つ

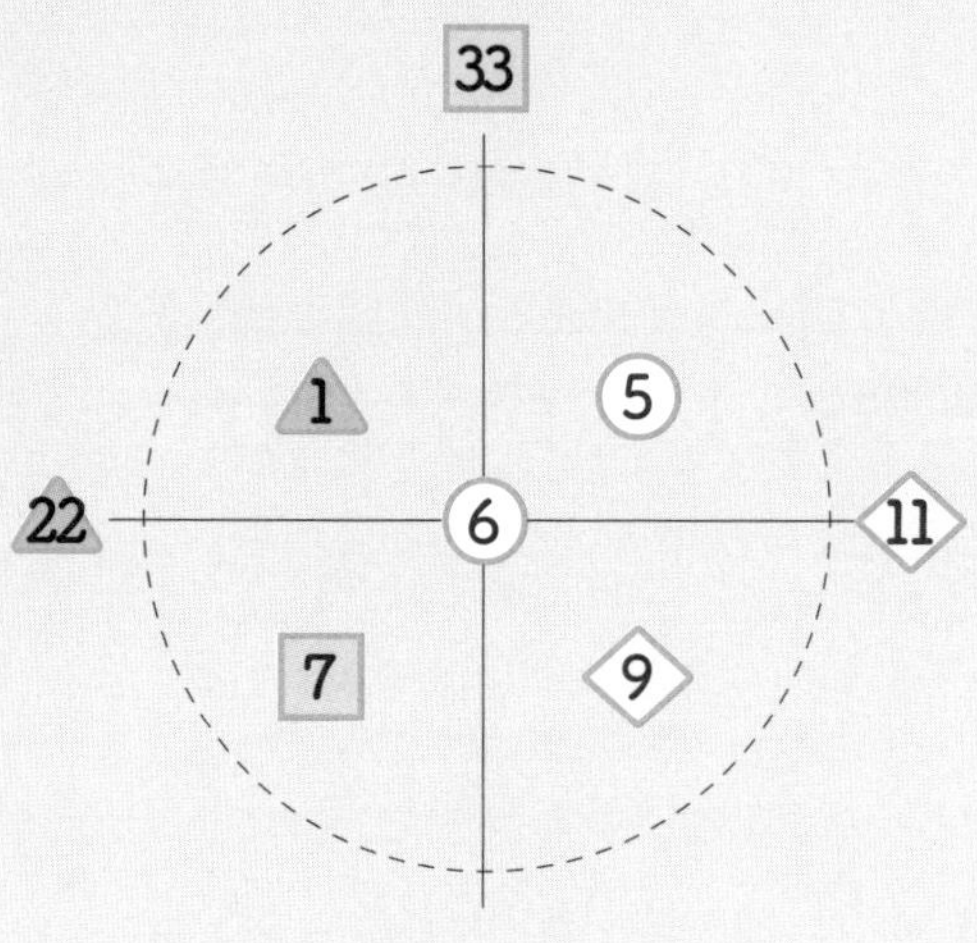

○ 私：1970年11月14日↓
才能数5・本質数6・探究数7

□ Aさん：1970年9月7日↓
才能数7・本質数33・探究数7

▲ Bさん：1970年7月22日↓
才能数22・本質数1・探究数11

◇ Cさん：1970年8月29日↓
才能数11・本質数9・探究数1

人の周りにはマスターナンバーが寄ってくるといわれるほど、惹きつけ合う関係です。

ずば抜けた審美眼「33」で、旅先での計画を瞬時に決められるAさん。カリスマ性ともいえる個性の強さ「22」で、旅行の方向性を決めてくれるBさん。意見がバラバラになりそうな時、共感力を活かしつつユニークなアイデアを出してくれるCさん。3人に振り回されながらもアットホームな雰囲気作りをしてくれるあなた。

こうと決めたら譲らないAさんですが、なぜかみんなが納得してしまう結果にいつもなるのが、不思議といえば不思議ですが、それは確かな目利きができ、こだわりの中に本質を見抜く才能があるから。

そして、なんだかんだ言ってCさんの感性はみんなの笑いを誘います。

計画通りにはいかなくても、個性を活かし合えるすてきなメンバーです。

Column
06

マスターナンバーを持つ著名人

「11」「22」「33」の世界を少し覗いていきましょう。
「変わっている」と捉えるより「第六感」があり、視座が高く、鋭い感性がある方々だと、私は思います。つまり「人が考えつかないようなことを生み出し、インスパイアしていく」ことに長けている。特に本質数は、人生に最も影響を与えるメインテーマですが、今もなお世界中にファンを持つこちらの三人は類いまれなる発想力をお持ちで、マスターナンバーを持つことに深く納得しました。

◉石ノ森章太郎(1938.1.25)　7・11・8
代表作は仮面ライダー、サイボーグ009など。
◉松本零士(1938.1.25)　7・11・8
代表作は宇宙戦艦ヤマト、銀河鉄道999など。
◉金城哲夫(1938.7.5)　5・33・3
ウルトラマンの生みの親のひとり。ウルトラマン、ウルトラセブンなど。

◉岡本太郎(1911.2.26)　8・22・1
TVのCM「芸術は爆発だ！」でも印象的だった岡本太郎さん。1970年に開催された日本万国展覧会のシンボルゾーンに「人類の進歩と調和」を表現するテーマ館の一部として「太陽の塔」を制作。また「工芸品」とされていた縄文土器を「美術品」として発見し、縄文土器の魅力を次のように表現されています。「激しい心の動きが、ひん曲がり、圧し潰され、ぐにゃぐにゃに折れ曲がってひっくり返り、飛び出す。縄文土器の文様、形となって表れているのだ」

◉アルベルト・アインシュタイン(1879.3.14)　5・33・8
◉野口英世(1876.11.9)　9・33・11
マスターナンバー「33」は1900年代後半に現れやすいのですが、1800年代にも偉大なる功績を残した本質数「33」の方々がいます。
マスターナンバーが現れる確率は、本質数では全体のおよそ15％といわれます。感性を用いた生き様が、時代を超えても記憶され続ける、そんな特徴を秘めているのが「マスターナンバー」なのです。

第3章

数秘LIFEカルテでもっとわかる「本当のあなた」

数秘LIFEカルテで自分を俯瞰し、丸ごとの自分にOK!を出す

「数秘ＬＩＦＥカルテ」とは、誕生日から導き出されるマイナンバーの３つの数字（才能数、本質数、探究数）に込められた意味を知り、その人自身の人生になぞらえ、トータルで「自分自身」を知ることができる実践シートです。

カルテには、数字が持つ基本原理のキーワードを書き写し、意識・存在・テーマと照らし合わせながら、俯瞰して自分のことを見ていきます。３つの数字に託された数秘の叡智から導き出される「自分」が、いい時でも、うまくいかない時でも、自分に「ＯＫ！」を出すための道案内をしてくれるでしょう。

前著『誕生日が教えてくれる本当のあなた』では、「数秘×行動分析＝心が軽くなる！」を合い言葉に、自己受容と他者信頼をした上での、円滑なコミュニケーションに役立つ内容をお届けしました。そして、その続編である本書では、「数秘×行動分析＝自分にＯＫが出せる！」を掲げ、マイナンバーをさらに深掘りし、隠れキャラである探究数を人生における大事な鍵と捉え、数秘の叡智から深層心理を紐解いて、「もっと」自分自身のことを知るためのヒントを探究することにしました。

そのプロセスで誕生したのが、「数秘ＬＩＦＥカルテ」です。記入方法と読み解き方は次

のページから詳しくご紹介しますが、3つのマイナンバーを生年月日から算出して、まずは人生になぞらえたイラスト内に書き込みます。このイラストを見れば、才能数、本質数、探究数が、それぞれどのようなポジションでどのような意味を持っているのかが、一目瞭然となります。

続いて、一覧表にマイナンバーと基本原理のキーワードをそのまま書き写したら、才能数（外キャラ）→本質数（内キャラ）→探究数（隠れキャラ）の順番で、数字に込められた意味を読み解き、トータルで自分を見つめ直していきましょう。

数秘LIFEにおけるマイナンバーは、3つの数字それぞれ単体の意味だけでなく、数字の配列が重要で、それによって〝織り上げられた美しい布〟に、その人の本来の姿が浮かび上がってきます。生み出される配列は3720通り。**今回、作成していただく数秘LIFEカルテは、1／3720のあなただけのカルテ**ということになるのです。

これまでと今、そしてこれからの自分にOK！　を出して、日々の暮らしと人生にご活用ください。

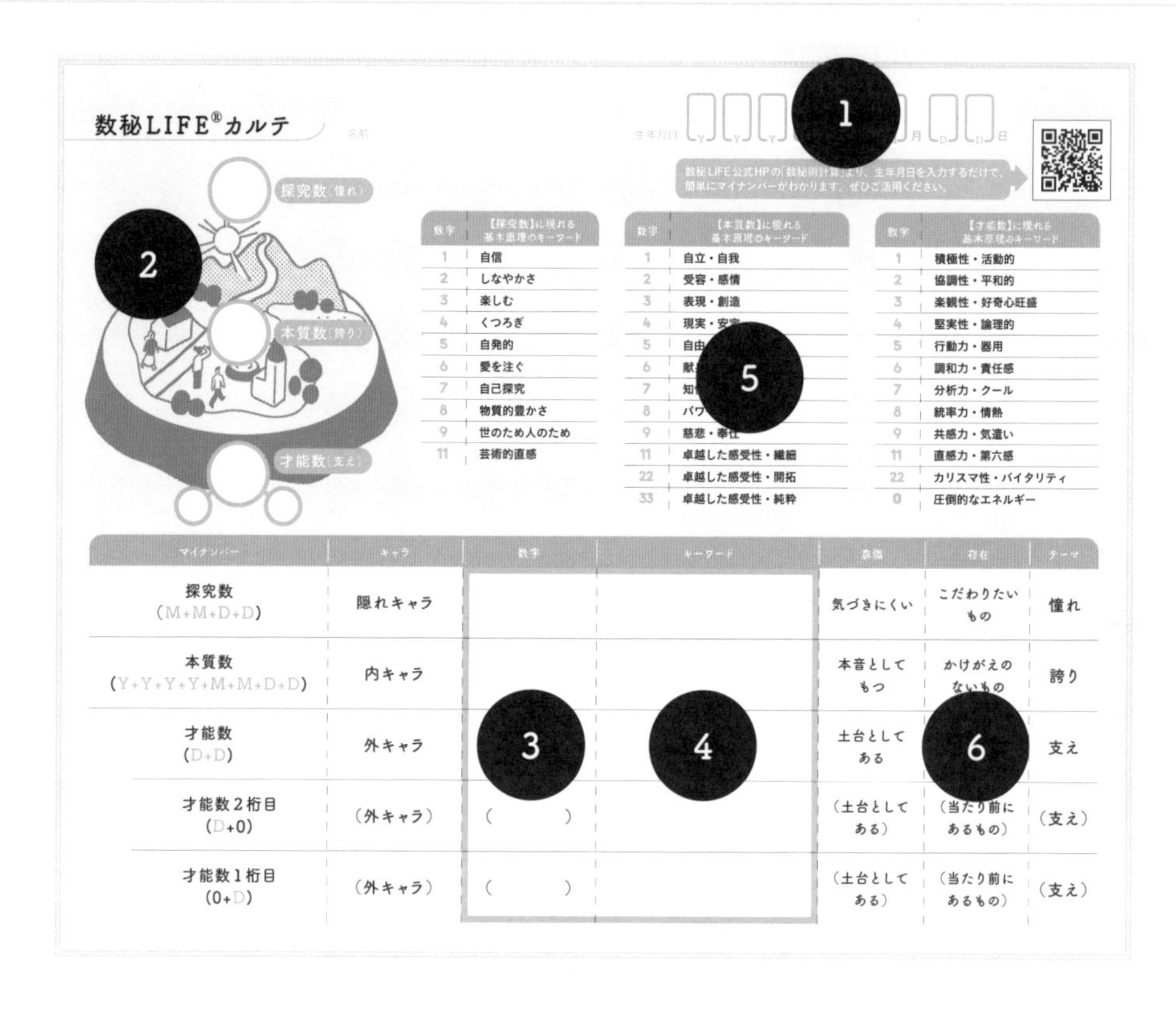

数秘LIFE®カルテ

名前　　　生年月日 Y Y Y [illegible] 月 D D 日

数秘LIFE公式HPの「数秘術計算」より、生年月日を入力するだけで、簡単にマイナンバーがわかります。ぜひご活用ください。

数字	【探究数】に現れる基本原理のキーワード
1	自信
2	しなやかさ
3	楽しむ
4	くつろぎ
5	自発的
6	愛を注ぐ
7	自己探究
8	物質的豊かさ
9	世のため人のため
11	芸術的直感

数字	【本質数】に現れる基本原理のキーワード
1	自立・自我
2	受容・感情
3	表現・創造
4	現実・安[illegible]
5	自由[illegible]
6	献[illegible]
7	知[illegible]
8	パワ[illegible]
9	慈悲・奉仕
11	卓越した感受性・繊細
22	卓越した感受性・開拓
33	卓越した感受性・純粋

数字	【才能数】に現れる基本原理のキーワード
1	積極性・活動的
2	協調性・平和的
3	楽観性・好奇心旺盛
4	堅実性・論理的
5	行動力・器用
6	調和力・責任感
7	分析力・クール
8	統率力・情熱
9	共感力・気遣い
11	直感力・第六感
22	カリスマ性・バイタリティ
0	圧倒的なエネルギー

マイナンバー	キャラ	数字	キーワード	意識	存在	テーマ
探究数（M+M+D+D）	隠れキャラ			気づきにくい	こだわりたいもの	憧れ
本質数（Y+Y+Y+Y+M+M+D+D）	内キャラ			本音としてもつ	かけがえのないもの	誇り
才能数（D+D）	外キャラ			土台としてある	[illegible]	支え
才能数２桁目（D+0）	（外キャラ）	（　　）		（土台としてある）	（当たり前にあるもの）	（支え）
才能数１桁目（0+D）	（外キャラ）	（　　）		（土台としてある）	（当たり前にあるもの）	（支え）

数秘LIFEカルテについて

❷ マイナンバーを生きるイメージ

探究数・本質数・才能数が、それぞれ自分にとってどんな位置づけととらえれば良いかがわかるように、イラストでイメージを表しています。人生の足掛かりを才能として、本質で生き、憧れの対象に向かって旅をするようなイメージを「支え・誇り・憧れ」の言葉で表現したのが、このイラストです。

❸ マイナンバー

このカルテでは従来とは逆の並びですが、「探究数・本質数・才能数」の順に並べました。第1章でお伝えしたように、実は探究数（隠れキャラ）こそが、自分にOKを出すための重要な鍵であるという側面から、特に探究数にフォーカスして読み解いていただきたいという思いからです。

また才能数については、生まれた日を構成する数字そのものも、自分を知るための重要な要素であるため、このカルテでは別途記入欄を設けました。

❺【探究数】【本質数】【才能数】に現れる基本原理のキーワードリスト

カルテで読み解く際に、よりわかりやすくなるように、それぞれの数字から象徴的なキーワードをリストにしています。❹のキーワード欄に、該当する数字のキーワードを記入することで、あなただけのカルテができ上がります。

❻ 意識・存在・テーマ

カルテを読み解く際に、それぞれの数字がどのような意識、存在、テーマを示しているのかを、一見してわかりやすいように表に掲げました。

自分で記入したキーワードをあらためて見てみてください。そのキーワードが、自分にとっての何であるのかを、横列で確認することができます。たとえば、探究数のキーワードは、隠れキャラであり、自分では気づきにくく、こだわりたいものであり、憧れでもある、ということがわかります。

数秘LIFEカルテの記入方法

まずは自分の数秘LIFEカルテを作ってみましょう。
巻末の付録を切り離して記入してみてください。

❶ 生年月日からマイナンバーを算出する。

カルテの右上にある記入欄に生年月日を書き込みます。生年月日欄の右横にある二次元バーコードから、自分のマイナンバーが簡単にわかるので、ぜひご活用ください。

探究数

生まれた月と日の数字をバラバラにして1桁になるまで足し込む。
ただし、ゾロ目(11)になったら、そこでストップ!
例:8月24日生まれ→8+2+4=14　→1+4=5
　　12月8日生まれ→1+2+8=11

本質数

生年月日の数字をすべてバラバラにして1桁になるまで足し込む。
ただし、ゾロ目(11・22・33)になったら、そこでストップ!
例:1969年8月24日生まれ→1+9+6+9+8+2+4=39
　　→3+9=12　→1+2=3
　　1982年6月7日生まれ→1+9+8+2+6+7=33

才能数

生まれた日の数字をバラバラにして1桁になるまで足し込む。
ただし、ゾロ目(11・22)はそこでストップ!
例:28日生まれ→2+8=10　→1+0=1
　　29日生まれ→2+9=11

❷ イラストの円の中に、マイナンバーを記入する。

ただし、生まれた日が2桁の場合は、才能数を構成する数字として、1桁目と2桁目をそれぞれ小さな円に書き込む。生まれた日が1桁の人は、空欄のままでOK。

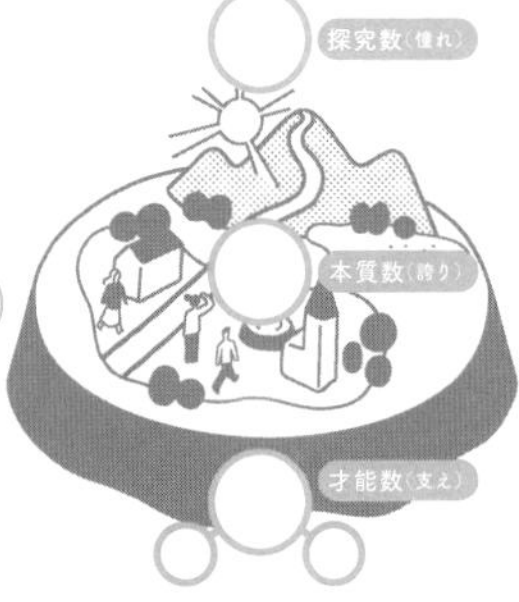

❸ 記入表の「数字」欄に❶で算出した数字(マイナンバー)を記入する。

ただし、❷同様、生まれた日が2桁の場合は、1桁目と2桁目をそれぞれ(　)内に記入する。生まれた日が1桁の人は、空欄のままでOK。

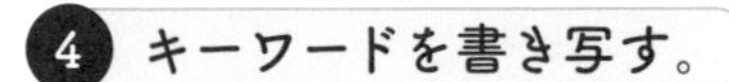

❹ キーワードを書き写す。

❺の探究数・本質数・才能数のそれぞれの「基本原理のキーワード」リストから、❸で書き込んだ数字に該当するキーワードを書き写す。

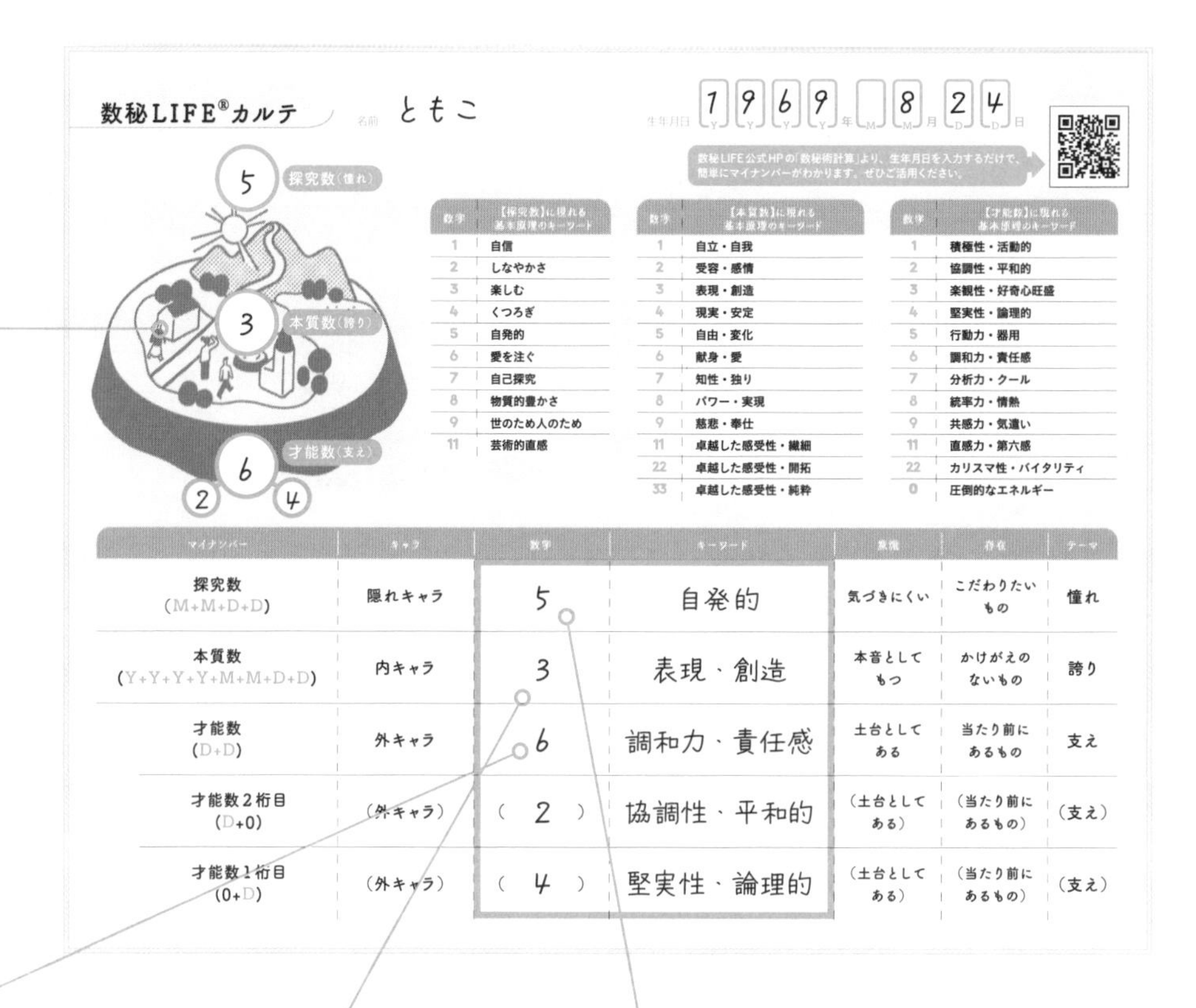

数秘LIFE®カルテ　名前　ともこ

生年月日　1969年　8月24日

数秘LIFE公式HPの「数秘術計算」より、生年月日を入力するだけで、簡単にマイナンバーがわかります。ぜひご活用ください。

数字	【探究数】に現れる基本原理のキーワード
1	自信
2	しなやかさ
3	楽しむ
4	くつろぎ
5	自発的
6	愛を注ぐ
7	自己探究
8	物質的豊かさ
9	世のため人のため
11	芸術的直感

数字	【本質数】に現れる基本原理のキーワード
1	自立・自我
2	受容・感情
3	表現・創造
4	現実・安定
5	自由・変化
6	献身・愛
7	知性・独り
8	パワー・実現
9	慈悲・奉仕
11	卓越した感受性・繊細
22	卓越した感受性・開拓
33	卓越した感受性・純粋

数字	【才能数】に現れる基本原理のキーワード
1	積極性・活動的
2	協調性・平和的
3	楽観性・好奇心旺盛
4	堅実性・論理的
5	行動力・器用
6	調和力・責任感
7	分析力・クール
8	統率力・情熱
9	共感力・気遣い
11	直感力・第六感
22	カリスマ性・バイタリティ
0	圧倒的なエネルギー

マイナンバー	キャラ	数字	キーワード	意識	存在	テーマ
探究数(M+M+D+D)	隠れキャラ	5	自発的	気づきにくい	こだわりたいもの	憧れ
本質数(Y+Y+Y+Y+M+M+D+D)	内キャラ	3	表現、創造	本音としてもつ	かけがえのないもの	誇り
才能数(D+D)	外キャラ	6	調和力、責任感	土台としてある	当たり前にあるもの	支え
才能数2桁目(D+0)	(外キャラ)	(2)	協調性、平和的	(土台としてある)	(当たり前にあるもの)	(支え)
才能数1桁目(0+D)	(外キャラ)	(4)	堅実性、論理的	(土台としてある)	(当たり前にあるもの)	(支え)

本質数 からわかること

本質数は「本音の部分であり、かけがえのないもの、誇り」とされています。自己分析が好きなタイプではありますが、「3」を誇りと思って生きてね、と言われていることは、自分の中に強い軸が生まれたような気分でした。特に「表現」はおしゃべりにつながっているような……。「創造」が好きなことは紛れもない事実です。退屈が何よりつらい！　いつも何かおもしろいことないかな～と考えています♪

探究数 からわかること

探究数は隠れキャラ。隠れって何だろう……？　と思いますが、あまり人には知られたくない自分の一部、といった感じで、それがまさに「5」のキーワードにある「自発的」でした。

はっきりと認識したことはありませんでしたが、思うがままに生きられたなら……。私に「憧れの存在としていつまでも大事に思い続けていい」という天（実際には自分自身の内側にある声）からの光(メッセージ)だと感じました。

数秘LIFEカルテの読み解き　私（ともこ）の場合

数秘LIFEカルテを、私自身が作成して読み解くとどうなるか……。

ひとつの例としてご紹介しましょう。

イラスト　からわかること

大地を表す「土台」に才能数「6」と24日生まれなので「2」と「4」を書き込んだ時、それぞれの数字たちが、強さとしなやかさを持って私を支えてくれているんだ、という感じがリアルに伝わってきました。


全体の真ん中に現れた本質数「3」。身体でたとえるなら心臓部分にあるようなイメージに思えました。

現実社会において、よい時もうまくいかない時も、常に自分の中心にあるといった感覚です。


山の頂（いただき）、遥か遠くに太陽の光を浴びて探究数「5」があります。

見失うことのないよう、空からいつも私を照らしてくれている「5」を目標とし、憧れの数字として歓（よろこ）びを表してくれているかのようです。


このカルテでは、自分が意識しているところだけではなく、心の奥底にある気づきづらい部分に光を当ててもらっていると感じました。

才能数　からわかること

才能数とは「自分自身の土台として、当たり前にあるもので、支えとなっている」。私の才能数「6」の基本原理のキーワードを見た時、なるほどなぁ～と思いました。

「調和的」のキーワードから思い出すのは、子育てや仕事の場面です。常に頭の中にあるのは、平等かどうかということ。どちらかに偏っていることはないだろうか……。講義をしている時も、相手の表情から感情が読みとれると、言葉を選び直しながら話している私がいます。これって、ほぼクセです（笑）。

「責任感」のキーワードも納得。これに関しては、自分への戒めにもなるところですが、正しくあろうとする意識が強すぎる時、無責任さを受け入れられない自分がいることに気づきます。

生まれた日を構成する「2」と「4」についても、キーワードを見て「私だ……」と思いました。争いごとは苦手なので「協調性・平和的」があることに納得。時に堅苦しくて、理屈っぽくなる性格があるので「堅実性・論理的」はやっぱり！　と思いました。

創造の世界。ここが人生におけるかけがえのないものであり、私の誇りでいいんだ……と思えたことは至福の喜びでした。

隠れキャラの「5」は真の意味で、私にとってはなくてはならないもの、と感じています。

物心がついた時から、なりたかったのは「冒険家」。TV番組『兼高かおる世界の旅』をワクワクしながら見ていた思い出と、「できることなら、地球上のすべての場所へ行き、自分の目で見て、耳で音を聴き、心でその場所を感じたい」という私の無謀にも思える願いは、この夢を叶えたいというより、憧れにも似た感情で、私という人間は、この先も「5」が表す「自発的」を憧れとして、一生追い続けていくのだと思います。
2022年から雑誌『家庭画報』でスタートした連載「日本の聖地を訪ねて」は、「2」と「4」を含む「6」に頼りながら、常に「3」と一緒に、「5」に向かっている私の姿なのではないでしょうか。

支えとなる土台があってこその今であり、
今をかけがえのないものとして誇りに思えるからこそ、
自分を愛することができ、
恋焦がれるかのような憧れがあるからこそいつまでも、
人生を諦めることなく前向きになれる。

この世に生を受けた日(誕生日)が、山あり谷ありのどんな人生であっても、「今の自分でOKである」と教えてくれる。
私が数秘LIFEカルテから受け取ったメッセージです。

数秘LIFEカルテを俯瞰（ふかん）して気づいた本当の私

私という人間を客観的に見たら……どのように映るのだろうか？

そのような思いで、数秘LIFEカルテを眺めました。

イラストはまるで自分史をコンパクトにしたかのよう。

生まれてからずっと自分の中の核にある「6」（「2」と「4」の要素も含め）は、母なる大地のイメージでした。

時々、自分で自分が嫌になるほど人に尽くす性格や、頼まれていなくても、困っているのでは……と察してしまうと、何かをしてあげずにはいられなくなる性格も、すべて私の人生の根っこの部分、大地の「6」にあるんだと思えると、この部分が時に自分を疲れさせたり、自分の性格から切り離したいなと思ったとしても、この当たり前にある土台が支えにあるからこそ、今の自分が存在し、未来に向かっていける……と思えました。


現在、講師業をしていますが、常に自分の目の前にいる方々が満足しているか？　相手の気持ちを気にしながら自分の立ち居振る舞いを調整しているのも、支えである「6」の中に含まれている「2」と「4」の存在があるからだと理解できます。


「きちっとしてるね」

そのように言われることがありますが、「6」の持つ「責任感」や、「4」の持つ「論理的」な要素も影響していると思います。


そして、学生時代の海外留学で気づいた「3」の存在。

いつも何かに興味を持っている好奇心旺盛なタイプ。

ニューヨークでの海外生活も、人種のサラダボウルといわれるマンハッタンで、相手の表情やジェスチャーを見るのがとにかく楽しくて、デパート、レストラン、コンシェルジュ……誰にでも、とりあえずといったら変ですが、声をかけては何かしら話していました。


また、仕事をする時にいつも思うのが「もっと工夫して、よいものを創れないだろうか？」ということ。

Q.5

将来、何をやりたいのか まだよくわかりません。

（中学2年・男性・10代）

Aさん：2009年8月11日生まれ

A

11日生まれのAさんは類いまれなる直感力に恵まれた子。当たり前のように備わっている感性の豊かさは、持って生まれた才能です。もし周りから「変わっている」と思われることがあったとしたら、それは本人が持つ繊細な感性の部分であり、インスピレーションともいえる第六感が働く時です。生まれた日にち（1日生まれ〜31日生まれ）の中で、ピカイチの感受性を持ち、言葉にできないけれど、自分ではわかっている（見えている）世界があります。

11日生まれは、「11」が常に基盤として持つ「2」の受容性という側面と、「11」を構成する「1」の推し進める力という側面の相反する要素を持ち、相手の気持ちを受け止める一方で、自分の気持ちに正直に主張したくなる面も持ち合わせ、少し複雑です。人の気持ちに敏感になりすぎてしまうと、周りと自分の感覚の差に戸惑うかもしれませんが、持って生まれた素晴らしい感性は、芸術やスポーツで活用するとより才能の花が開いていくでしょう。

才能数（外キャラ）「11」は当たり前として自分の土台にあるものですが、さらに人生の誇りとして知ってもらいたいのが、本質数（内キャラ）「3」です。クリエイティブな発想から自己表現して

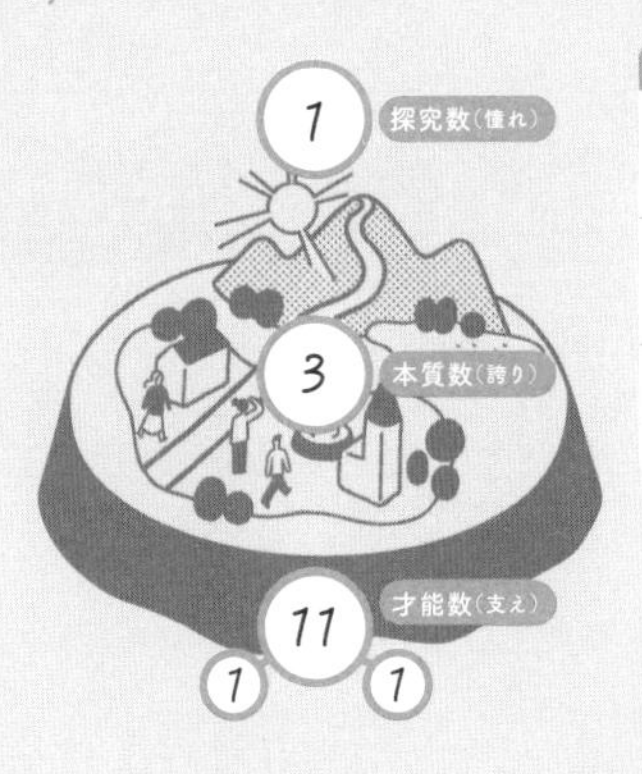

マイナンバー	数字	キーワード
探究数（M+M+D+D）	1	自信
本質数（Y+Y+Y+Y+M+M+D+D）	3	表現・創造
才能数（D+D）	11	直感力・第六感
才能数2桁目（D+0）	（1）	積極性・活動的
才能数1桁目（0+D）	（1）	積極性・活動的

いくことが、人生においてかけがえのないものであり、言葉で何かを伝えたり、創造の世界に生きている時、みなぎるパワーが溢れ出てくるでしょう。

創造を発信する世界は、デジタル化の今、国内という枠から世界へ飛び立てるはずです。ワクワクすることが自分のなかで確固たるもの（アートなのか音楽なのか、ウェブ制作なのか……）として見つけることができたら、もっと何かをインプットしていきたい！　と思えるでしょう。

今はまだ、周りのことが気になったり、自分の感性との折り合いをつけるのが難しい時期かもしれません。でも、必ず近くにいる誰かが、その素晴らしい感性と創造力に気づいているはずです。夢中になれるものがあると誰でも毎日を楽しく感じますが、探究数（隠れキャラ）「1」が「これでいいのだろうか……」と心のブレーキになりやすい……。

隠れキャラに持つ「1」は、一歩を踏み出す勇気を表します。自信を胸に、自分の支えとなる才能を活かし、誇れる創造の世界を、勇気とともに、人生に活かしてほしいと願っています。

Q.6

今の仕事に向いているかわからず悩んでいます。

（営業職・男性・20代）

Bさん：1998年3月1日生まれ

A

近年の就職事情を見てみると、就職後3年以内の離職率は約3割（厚生労働省2020年卒業者のデータを2023年に発表）といわれ、「自身の希望と業務内容のミスマッチ」が退職理由のトップになっています。

おそらくBさんも、現在のお仕事の中でやる気につながる充足感が、得られていないのではと想像されます。

1日生まれの才能数（外キャラ）「1」を持ち、裏表のない、とても実直な方です。子どもの頃から、積極的な姿勢と「こう！」と思ったらリーダーシップを発揮して、周りからは一目置かれる存在で目立っていたでしょう。

営業職に就かれているなら、顧客との関係はストレートな気質をほめてもらいつつ、自我が顔を出しすぎてしまう時は、たしなめられることがあるかもしれません。そのくらい、好きなことには意欲を持って常に取り掛かることができる方です。

ただ、現実性を重んじるあまりに、安定志向が強くなると、慎重すぎる気質が顔を出し、融通が利かない頑固者のようにとらえられ、なかなか仕事が円滑に進まないということが、営業職においては特に起きやすくなるのではないでしょうか。

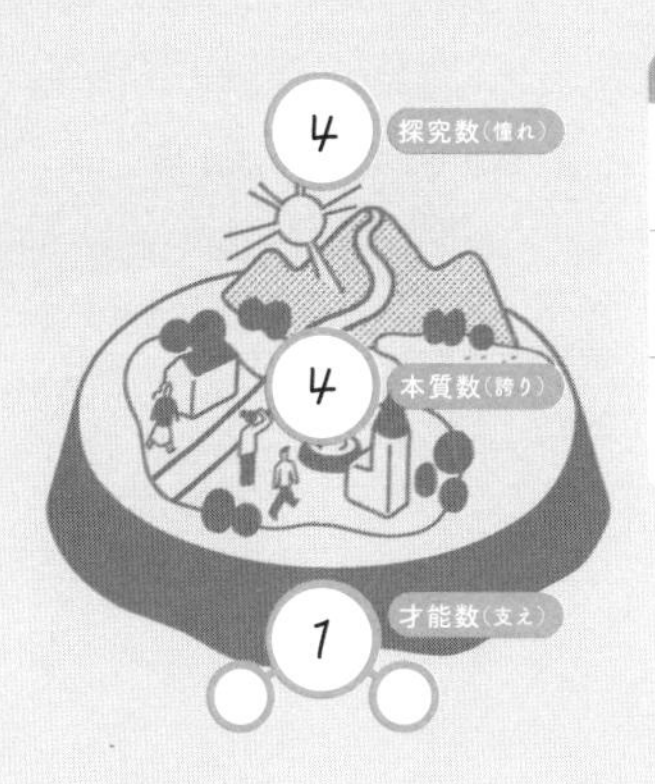

マイナンバー	数字	キーワード
探究数 (M+M+D+D)	4	くつろぎ
本質数 (Y+Y+Y+Y+M+M+D+D)	4	現実・安定
才能数 (D+D)	1	積極性・活動的
才能数2桁目 (D+0)	(　　)	
才能数1桁目 (0+D)	(　　)	

実は誰よりも事前準備を怠らず、誠実な仕事ぶりが高評価につながるのが、本質数(内キャラ)「4」の方です。無茶はしない。何事においても思慮深く、頼まれたことはキッチリとやり遂げる。一度強固な関係性を築けたなら、頼られることが多いと思いますし、実際、顧客からの信頼は20代であってもかなり厚いといえるでしょう。

今回、悩みの原因となっている「今の仕事が向いているかどうかがわからない」という気持ちは、安定志向の陰に隠れて持つ、探究数(隠れキャラ)「4」の存在が大きいかと思います。「4」という数字を2つ持つBさんは、人生において「4」の基本原理である安定や内面のくつろぎといったことが、いつもついて回ると思っていいでしょう。つまりは、「今、自分は本心からリラックスができているだろうか……」と、頭で四六時中、考えを巡らせているというより、心の奥底に……自分で気がつきにくい無意識のレベルで、あるがままの自分でリラックスした状態かどうか？という問いがあるのです。

持って生まれた才能を活かす意味で、営業職は向いていますが、周りの人が思う以上に、事務方の仕事もできるのがBさんです。

Q.7

子育てと仕事の両立で悩んでいます。

（デザイナー・女性・30代）

Cさん：1985年4月20日生まれ

A

Cさんのカルテを読んで真っ先に出た言葉が「やさしい方！」でした。

持って生まれた土台にある才能数（外キャラ）の「2」は、20日生まれのため、「2」の他に「0」という圧倒的なエネルギーも持ったため、より「2」の性質が強調されます。常に相手を見て、嫌な顔せず、よく話を聴き、相手に応えている様子が、目に浮かびます。

職場でも家庭でも、居てくれると場が和む。女性原理を表す「2」という数字は、協調性が高くやさしい数字。Cさんは人が好きで、不和を取り除くことに長けた平和主義な方でしょう。

デザイナーの仕事はまさに天職。本音として常に持つ本質数（内キャラ）の「11」は、卓越した感受性を持っていることを表し、勘が鋭く、洞察力もあります。

誰もが思いつかないようなアイデアや、やろうとしなかった分野を、気がついたらやっていた……そのようなことが実際起きても何ら不思議ではない方ですし、目に見える物質世界より、閃き（ひらめき）から表現者となる感性がとても豊かなため、〝普通〟を目指すのでは、せっかくのデザイナーの仕事がもったいないと思います。

人生の誇りとなる感性を発揮できている今、子育てとの両立で

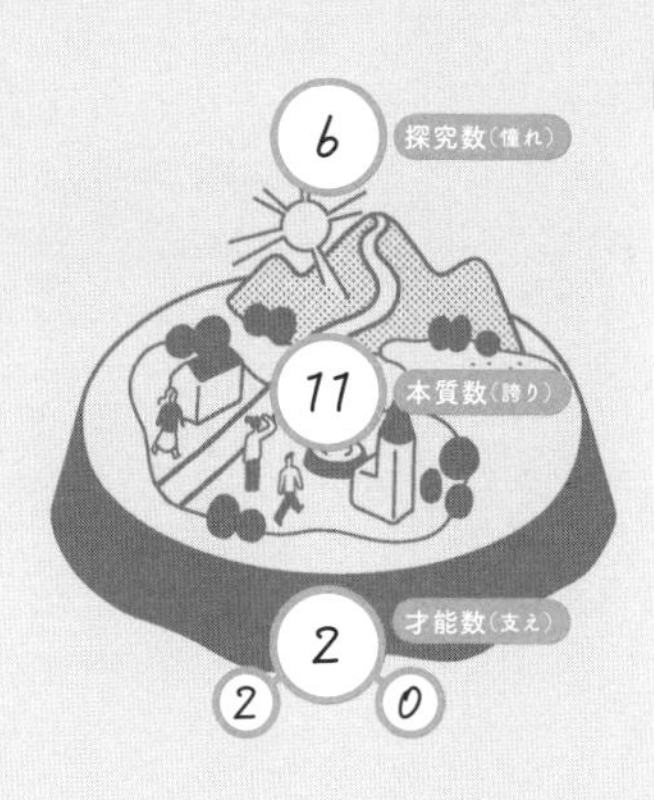

マイナンバー	数字	キーワード
探究数(M+M+D+D)	6	愛を注ぐ
本質数(Y+Y+Y+Y+M+M+D+D)	11	卓越した感受性・繊細
才能数(D+D)	2	協調性、平和的
才能数2桁目(D+0)	(2)	協調性、平和的
才能数1桁目(0+D)	(0)	圧倒的なエネルギー

悩まれるのは、ある意味、自然なことかもしれません。

その理由は、探究数(隠れキャラ)の「6」の存在です。

誰かのために自分は何ができるのだろうか……? 自分は何もできていないのではないだろうか……?

自分自身は一生懸命に愛を注いで生きているつもりでも、相手に伝わっているかどうか、いつも不安になってしまいます。

マイナンバーにある「2」や「11」は、繊細という性質を持ちます。相手に応えていけるからこそ、ノーが言えなかったり、自分ひとりで悩みを抱えてしまうことにもなります。

素晴らしい感性は、デザイナーという仕事で発揮されるのですが、常に「愛とは?」を考えてしまい、我慢をしたり、自己否定をしてしまったり、こじらせがちとなって現れてしまう……。

ぜひとも、今ある悩みを周りの人に話してみましょう。仕事への責任、子育て・家庭への愛情など。

自分が愛を注ぎ、愛を受け取っていると思えることが何よりも大切なCさんだからこそ、愛への憧れにも似た感情を、本来持つやさしさで包み込んであげてほしい……と思います。

Q.8

ストレスを克服するための
アドバイスをお願いします。

（起業家・男性・40代）

Dさん：1975年11月27日生まれ

A

27日生まれで才能数（外キャラ）は「9」ですが、生まれた日にちを構成する「2」の要素と「7」の要素も「持っている数字」とするため、協調性に加えて分析力に長けている、とても落ち着いた印象となります。

土台に「9」を持つ方は、常に全体を俯瞰していて、人への気遣いができる方です。それは「みんなのために何かをしよう」ということではなく、常に360度の景色が見えているため、まるで世話役かのごとく振る舞うことができるのです。

そして、本音として持つ本質数（内キャラ）にはマスターナンバー「33」があります。少年ぽさを持つハンサムさん。ハンサムの言葉の意味は「美しい容姿」の他に、「堂々として凛々しいこと」があり、女性でも知的で魅力的な人に使う言葉ですが、「33」の方にはピッタリな表現です。

自分というものをしっかり持っているので、自分のことで悩むことはないのですが、もしストレスを感じることがあるとしたら、自分の外にある世界との折り合いがつかない時に現れます。そもそも常識って？　と思っているため、誰もが成し得ないことをやってのけるなど、独創的な視点が特徴的です。集団で居るより、

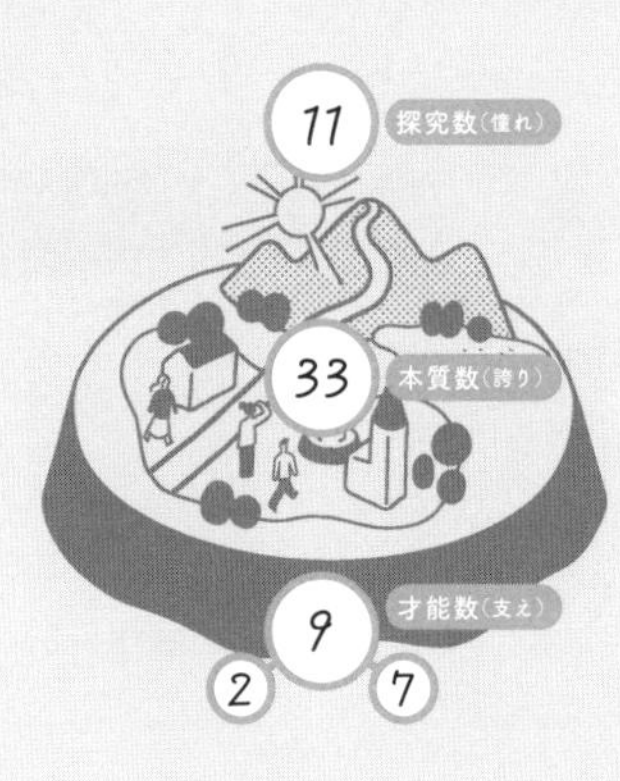

マイナンバー	数字	キーワード
探究数 (M+M+D+D)	11	芸術的直感
本質数 (Y+Y+Y+Y+M+M+D+D)	33	卓越した感受性、純粋
才能数 (D+D)	9	共感力、気遣い
才能数2桁目 (D+0)	(2)	協調性、平和的
才能数1桁目 (0+D)	(7)	分析力、クール

断然、個人で居るほうが、持っている素晴らしい個性が輝きます。純粋な心は人とつながるだけではなく、動物、昆虫、植物等ともつながります。「不思議な人で魅力的」。「33」をかけがえのないものとして、誇りある人生としていただきたいと思います。

マスターナンバーはその卓越した感受性から、一般的なものの見方より、はるかに多くの視点からとらえることができます。頭の中の感情のスイッチに優位性を持ち、理論的な考えより、感性を用いることに秀でているため、時々、言葉に置き換えることが難しかったり、難しいからと伝えることに蓋をしてしまうクセがあります。

また、探究数(隠れキャラ)にもマスターナンバー「11」があるため、勘の鋭さや繊細さも持っています。ネガティブな感情に振り回されないようにすることが大切です。

美的センスを表す「6」がベースにある「33」は美しいものが自分のパワーに変わります。気遣いや愛情深さの矛先は自分自身へ。自然やアートの世界に関心を向けることで心のバランスが整っていくでしょう。

Q.9

自分の更年期と親の介護。ダブルパンチで大変です。

（専業主婦・女性・50代）

Eさん：1970年5月30日生まれ

A

天真爛漫でしゃべることが大好き。何にでも興味を持つ好奇心旺盛なタイプ。30日生まれの方は持って生まれた資質として現れる才能数（外キャラ）「3」に、「0」の要素がさらに含まれるため、より「3」の意味が拡大されていきます。いつも笑顔で、周りにいる人もみんな笑っている。支えにあるのは、常に明るい人柄。なのですが……。

本質数（内キャラ）は「7」。知性を大切にしながら「ひとり」で在ることが大事。真逆の行動特性を持つ数字同士が、自分の内側に2つあるようなイメージになるため、自分でも知らず知らずのうちにバランスをとりにくくなっているのでは？　本当はひとりでいることが好きで、旺盛な知識欲から好きなことを学びたいのに、社交的な性格が忙しい日常に拍車をかけ、体力も気力も奪われていく……ということになりかねません。

元来、自分では気づきにくいとされる探究数（隠れキャラ）に「8」を持ち、何かに向けて達成したいという気持ちが強く、困難であればあるほど、向かって行くエネルギーの強い方です。

現在、更年期を迎え、女性なら誰しも訪れるゆらぎの時期。ちょうど介護が重なり、誰かを頼るより、今ある課題に向けて、な

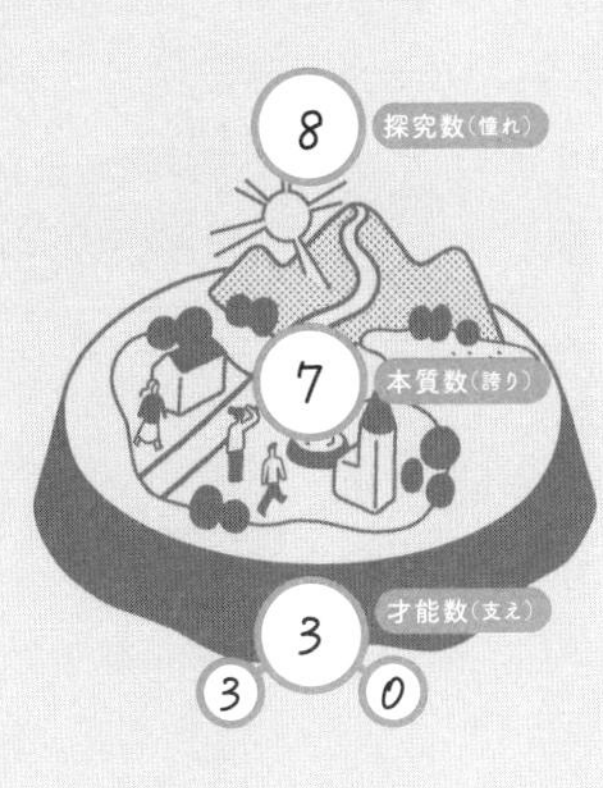

マイナンバー	数字	キーワード
探究数 (M+M+D+D)	8	物質的豊かさ
本質数 (Y+Y+Y+Y+M+M+D+D)	7	知性、独り
才能数 (D+D)	3	楽観性、好奇心旺盛
才能数2桁目 (D+0)	(3)	楽観性、好奇心旺盛
才能数1桁目 (0+D)	(0)	圧倒的なエネルギー

んとかしなきゃ！　とアクセルを踏んでしまうことが、こじらせの原因になります。

ポジティブ思考で前向きな性格は、裏を返せば、動きすぎたり手を広げすぎたりしてしまいます。土台にあるもの(才能数「3」)は当たり前としてあるがゆえに、その能力だけを使いすぎてしまうと、逆に自分が自分でなくなってしまうことに。自己を見つめている時間を大事にしてあげることが、物質的豊かさに向かうエネルギーを生み、冷静に今を乗り切ることができるのです。

Eさんのように、気持ちだけではどうにもならない時期が、誰にでもあります。

数秘LIFEからお手伝いできることは、自分の思考のクセや行動パターンを知り、目の前にあることに、どうしなやかに対応していくことができるかのヒントをお伝えすること。

「こうなってしまう自分は、自分なんだ」と心の折り合いをつけることで、完璧にやろうとしすぎる「7」の性質を、持ち前の明るさ「3」と、「何とかやるぞ！」ではなく、「やれるだけのパワーが自分にはあるんだ」という「8」から、今の自分にOKを出していただければと思います。

Q.10

定年退職し、今後の生き方探しをしています。

（男性・60代）

Fさん：1958年4月5日生まれ

A

一般的に定年退職後の人生はセカンドライフと呼ばれ、会社員時代が第一の人生、定年退職後を第二の人生ととらえます。今までの生活パターンが変わり、何を生きがいにすればよいのか？　と悩まれる方が増えるのも、平均寿命が延び、活躍の場が広がっている背景があるかと思います。

Fさんの持って生まれた資質は才能数（外キャラ）「5」。5日生まれということで、純粋な「5」のエネルギーが現れます。行動力があり、生活に流れがあるのが特徴で、じっとしていることや、行動を制限されることは苦手。思いのままに氣（エネルギー）を扱うことが得意なため、活発でコミュニケーション力に長けています。「誰とでもうまく人間関係を構築できる」と、自他ともに認めることができるでしょう。

何においても器用なため、常に冒険心がついて回り、その性質は大人になっても変わるどころか、本音の部分である本質数（内キャラ）も「5」を持っているため、公私ともに多趣味で、ひと言で言えば「忙しい人」です。つまり、裏返せば「退屈が何より嫌い」。忙しそうに見えても、本人は至って元気。趣味は旅行やア

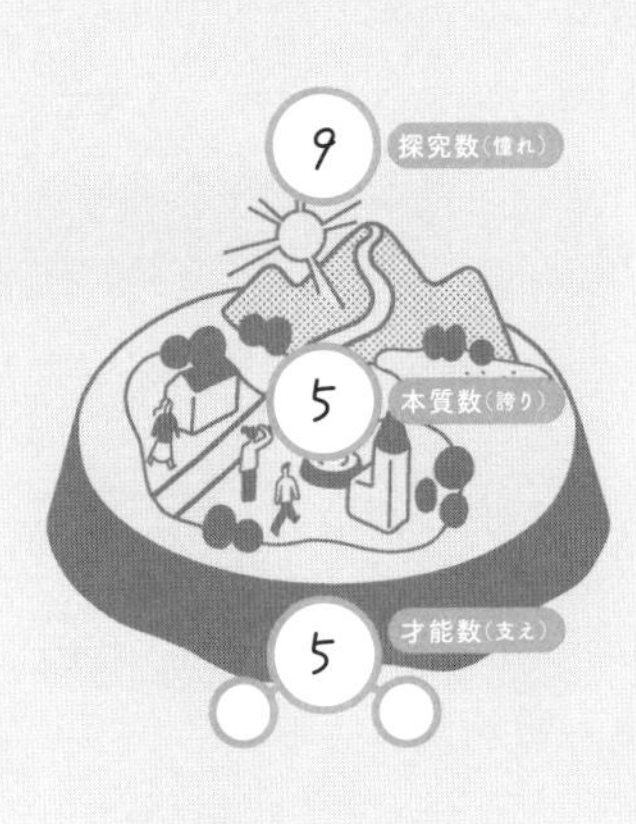

マイナンバー	数字	キーワード
探究数 (M+M+D+D)	9	世のため人のため
本質数 (Y+Y+Y+Y+M+M+D+D)	5	自由・変化
才能数 (D+D)	5	行動力・器用
才能数２桁目 (D+0)	(　　)	
才能数１桁目 (0+D)	(　　)	

ウトドアといった、動きを伴うことに興味がいくでしょう。

ここまでは、外キャラと内キャラから読み解く部分で、Fさんのように同じ数字を持っている方は、土台にある支えを、人生のかけがえのないものとして誇りとすることが、すんなり肚落ちしやすいため、「自分」という軸がブレづらいといえます。

ただ、それだけではない……。気づきにくい心の奥底に、探究数（隠れキャラ）の「9」を持っています。

この意味は「9」が持つ基本原理の奉仕の部分を憧れとして抱く感じで、世のため人のために、自分は何ができるのだろうか？が大きなテーマであり、子ども時代から今に至るまで、得意な行動力を使って、何かしらの活動を行っていたかもしれません。

生きる意味は社会の役に立つこと。そういった思いが常にあるので、セカンドライフは自分の趣味だけではなく、社会貢献になる何か……ボランティア活動や、なりたい自分に向けて資格を取るなど、「役に立っている！」という実感に向けて、アクションを起こされていくのではないでしょうか。

「感謝」が活力になる、Fさんの人生はまだまだこれからです。

Q.11

老後生活の不安が最大のストレスと感じています。

（男性・70代）

Gさん：1954年5月29日生まれ

A

70代が老いの分かれ道。この一文を読むと、誰でもドキッとするのではないでしょうか。平均寿命より健康寿命が気になり、長生きはしても自分のことができないようでは……と「まだ起きていないこと」に不安を感じ、強いストレスとなるのが70代ともいわれています。個人差はあるものの、誰でも必ず抱くのが老いていく自分への不安。Gさんの人生を振り返りながら、抱くことのできる「憧れ」を見つけていきましょう。

29日生まれの才能数（外キャラ）「11」は、「2」と「9」という共感力が強い数字を持っています。前へ出るより、その場で受け取るほう。鋭い直感力や、第六感を持ち、「何だかわからないけど、そう思った」という場面がよくあるかと思われます。

人生の本質では、何よりも達成することが大事な願望実現型の本質数（内キャラ）「8」なので、「どこへ向かっているのか？」「何を得ようとしているのか？」が常に決まっていないと嫌で、目標を定めたならパワー全開で突き進むことができる方です。

ただし、本人の誇りであるこの素晴らしき実現力が、ある意味、老いへの不安につながっていくのです。「目標がないことは意味

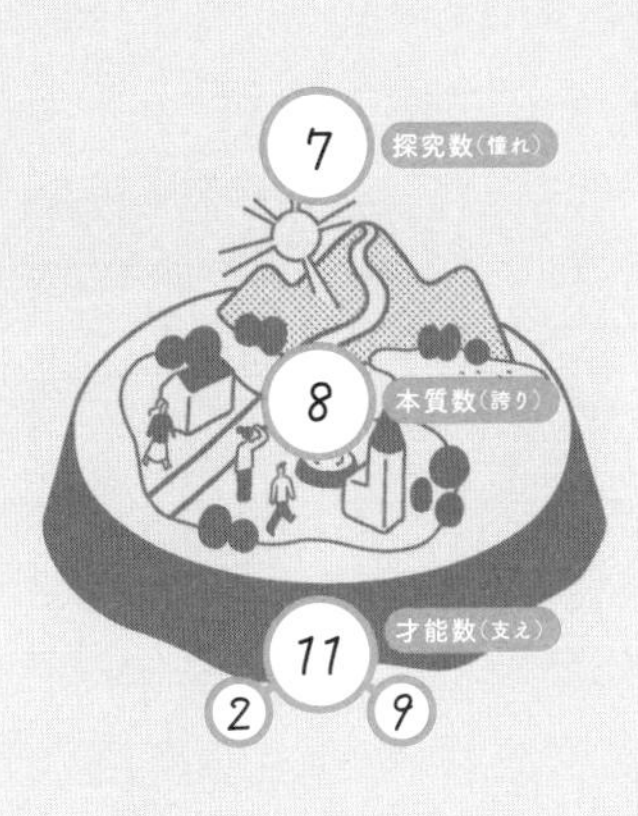

マイナンバー	数字	キーワード
探究数 (M+M+D+D)	7	自己探究
本質数 (Y+Y+Y+Y+M+M+D+D)	8	パワー、実現
才能数 (D+D)	11	直感力、第六感
才能数2桁目 (D+0)	(2)	協調性、平和的
才能数1桁目 (0+D)	(9)	共感力、気遣い

がない」とまでは言いませんが、陰陽のバランスがとれたパワフルな「8」を持つ方は、そのパワーをどのように循環させてあげればいいか？　このことが人生において最大のポイントになります。やりたいのに体力が……とか、気が乗らない……といった自分を、なんだか許せなくなってしまうこともあるでしょう。

前のめりで夢中に生きてきたこの人生、実は最後に自分が向かう先は、「外」ではなく「内」にある。自分がずっと気にかけてきた、憧れの存在は自己探究。気づきにくいとされる探究数（隠れキャラ）「7」の存在です。

「7」は自己とつながる「学び」を表し、ひとりの時間を大切にしたいという気持ちにOKを出していいよ、と教えてくれます。

勘の鋭さからむやみに不安につながる情報を取り入れてしまうより、自分の持つ繊細な面は守ってあげるようにしましょう。パワーのアクセルを踏まないよう、大勢と交友するより、趣味が共通する仲間との交友を優先させてください。自己探究から得られる幸福を、人生の癒やしと思いましょう。

Q.12

人生を振り返った時に、悔いのない人生だったと思いたいのです。

（無職・女性・80代）

Hさん：1943年9月14日生まれ

A

80代は自分にOKを出すだけではなく、大きなハナマルをつける！　誰もがそうであってほしいと願いながら、読み解いていきたいと思います。

80代の方にとって、この数秘LIFEカルテはまさに自分史。自分の支えとなる土台があり、未来につなぐための困難や歓び、いい時もうまくいかない時も、踏ん張ってきた自分の誇りが、かけがえのないものとして輝いています。

Hさんの才能数（外キャラ）は「5」。華やかな雰囲気を纏い、機転が利く姿が常に人気の方。生まれた日にちが14日で「1」と「4」の要素も持っています。物事に積極的に働きかけていくことができ、誠実で努力家なため、ちゃんと対応してくれる安心感を周りに与えられるのが特徴です。

「動」の部分がある一方、「静」の部分もあり、変化に柔軟に対応できる器用さは誰もが認めるところですが、Hさんの人生を総括すると、堅実で逆に変化を好まず安定志向。

内面のくつろぎがとても大事で、それはいわば、自分自身が大地としっかりつながっている安心感にもたとえられ、心地いいと思えないこと、自分で決断できない状態で何かを進めていくこと

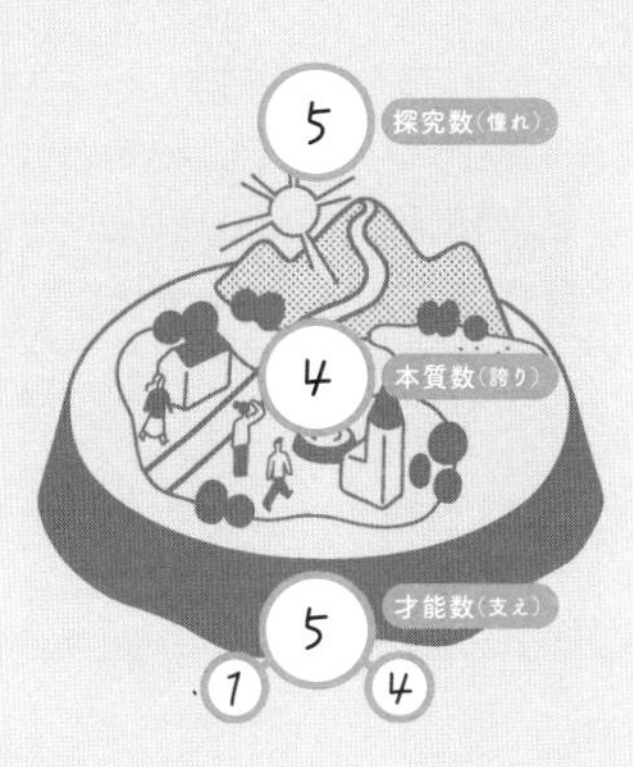

マイナンバー	数字	キーワード
探究数 （M+M+D+D）	5	自発的
本質数 （Y+Y+Y+Y+M+M+D+D）	4	現実・安定
才能数 （D+D）	5	行動力・器用
才能数2桁目 （D+0）	（ 1 ）	積極性・活動的
才能数1桁目 （0+D）	（ 4 ）	堅実性・論理的

は、かえって不安を煽るだけかと思います。

変化できる……けれど、すんなり行動に移せない。今までの人生で何度もそのような場面があり、安定志向を優先させてきたことでしょう。

人によっては、今生のお役目はこれ！　とばかりに、課題は大きいものの、迷うことなく生きることができる人がいます。比べることは無意味ですが、あえて比べてみるなら、Hさんは真逆。心の葛藤が生まれやすい方です。それは、気づきにくいとされる探究数（隠れキャラ）に再度「5」が現れるから。見事なまでに「変化」と「安定」を行きかう人生。それがHさんの人生であり、そうでなければHさんの人生ではないのです。

探究数（隠れキャラ）は、生まれた時から常に輝く憧れの星。何歳になっても、その憧れの星に見守られながら私たちは生きています。行動力溢れるHさんが、石橋を叩いて渡る人生を歩まれ、その姿を誇りに思い、自分自身で大きなハナマルをつけてあげたなら、それで十分素晴らしき人生です。

憧れの星を眺めながら、自分の気持ちに正直に生きる。それを忘れずに過ごしていただければと思います。

Column
07

「自分を知る」ことに役立つ数秘LIFEカルテ

仕事柄、実に様々な年代の方々と話をする機会があります。ジュニアアスリートに対するメンタルトレーニング、就活生に対する就活コーチング、新入社員研修、若手社員研修、講師業をはじめ、コーチングと数秘のセッションでは、10代から80代までのクライアントの方々とお話しします。

悩みやストレスを持たない人などひとりもいない。

このことは、どなたにでも共通していえることです。悩みやストレスに対して「問題発見」をすることはできても、その先にある「問題解決」に向かうことは難しい。その時、助けとなるのが「自分をよく知ること」です。

数秘LIFEで伝えている「しなやかで心地いい暮らし」とは、人類最高の智慧といわれる数秘術から、自分自身と自分の運勢を知った上で、「なりたい自分」にフォーカスしています。

日常生活で、穏やかな時だけではなく、困難な場面に遭遇した時、いかにしなやかに適応し、心の折り合いをつけて切り抜けていくことができるか？　そして、なりたい自分を創造していくことができるか？

近年、需要が高まっているレジリエンス。レジリエンスとは自発的治癒力や回復力を指す英単語で、心理学においては「心の回復力」のことを指しますが、この心の回復力を高める方法のひとつに、「自分をよく知ること」があります。

生年月日から算出されるマイナンバーは、それぞれの数字が年代ごとに現れやすいという特徴がありますが、生まれた時から持つことになる、自分を表す大切な数字たちです。持って生まれた唯一無二の数字たちが教えてくれるのが「自分」です。

自分の考え方のクセを把握したり、自分の性格に合った生き方・働き方や人との距離などを知ったりすることは、レジリエンスを高め、年齢に関係なく、人生のあらゆる場面でヒントになると、私は考えています。

Column
08

同じ数字を同じ配列に持つ人同士の関係性

読み解き(鑑定)の際、相性について聞かれることがあります。数字の意味(行動特性)や、同じ数字を持っているかどうか、持っている場合は、どこに現れているのかを見ながら、「お互いに現れやすい関係性」を伝えるようにしています。相性の善し悪しをハッキリ言わない理由は、数字にポジティブ面とネガティブ面があり、振り子のように感情により現れ方が違うからですが、同じ数字を持つ人同士は、そのどちらの面が現れようとも、行動特性の一部を共有することができるため、わかり合える関係性だといえます。

特にマスターナンバーの方は、言語化が難しいような感情を持っていたり、言語で相手に伝達するコミュニケーションが苦手だったりする傾向があります。お互いにマスターナンバーを持っていると、まるでテレパシーコミュニケーションのように、シンクロニシティを経験する人も多く、マスターナンバー同士だと話すのが楽、という方が多いようです。

また、同じ数字を同じ配列に持っている人同士の場合、特徴的な関係性があることに気づきました。

◉才能数が同じ人同士は「吉凶の関係」が現れる

土台となる部分が同じで、第一印象として得意に使いこなせることから、お互いを理解しやすく共感が生まれます。ただし、上下関係がある時(上司と部下、監督と選手、親と子など)は、よほどお互いのことを理解し尊重し合わないと、凶作用が起きる場合もあります。

◉本質数が同じ人同士は「戦友」である

人生のメインテーマが同じ者同士ですが、3つの数字の組み合わせにより、本質を生きやすい人、生きづらい人など、本質数の活かし方のレベルが変わります。本質数はネガティブ面が出やすいのですが、困難に遭っても自ら前へ歩を進めていこうとするため、同じ数字を持つ人同士はまさに戦友！　同じゴールに向かい、切磋琢磨できる関係性なのです。

◉探究数が同じ人同士は「ソウルメイト」である

「気づきにくいけれど、こだわりを持っていて、憧れとして心にある数字」なので、本人が気づけていないことが多いようです。そのため、心の深部で理解し合えるという特徴を持ち、お互いが力強いサポーターになりやすく、ソウルメイトのような関係性を築きやすいのです。

Column
09

数秘LIFEカルテで読む栗山英樹元監督と大谷翔平選手

ワールドベースボールクラシック(WBC)2023で世界一となった侍ジャパン。数秘LIFEカルテで栗山英樹元監督とMVPに輝いた大谷翔平選手を見てみると、意外な関係性が見えてきます。

◉栗山英樹(1961.4.26)　8•11•3
◉大谷翔平(1994.7.5)　5•8•3

お二人のマイナンバーを見ると、同じ数字「8」と「3」があります。お互いが考えていることを共有しやすかったことがわかります。

栗山元監督の土台にあるのは外キャラの「8」。「パワー・実現を表す主導的タイプ」。ただ、26日生まれなので、「2」と「6」の要素が含まれてきます。聴く力につながる受容の「2」と、指導者として必要な愛「6」があるのもうなずけます。

一方で、大谷選手は5日生まれでストレートに外キャラ「5」が現れる「自由・変化を表す社交的タイプ」。

環境適応力が高いことを土台に持つということは、アスリートとして最大の強みであり、生涯にわたり支えとなっていくことがわかります。

内キャラを見た時、大谷選手は「8」という願望実現のパワフルな数字を持っています。「優勝！」という目標に向けて、自分の誇りともいえる「8」を前面に出していく時、当たり前として同じ「8」を持つ栗山元監督とは波長があったでしょう。

栗山元監督は内キャラ「11」。相手の気持ちだけではなく、その場の雰囲気も繊細に読み取ることができ、采配に直感力があったと感じていらっしゃるかわかりませんが、理詰めだけではない鋭い感性を活かされた部分があったのではないでしょうか。

そして隠れキャラがお二人一緒の「3」。深層心理として気づきづらい部分ですが、何かを創り上げていくこと、自分を表現してワクワクと楽しんでいくことは、憧れの感情にも似たものとして、お互いが持っていたからこそ、信頼関係が生まれやすかったのではないかといえます。

第4章

知って納得！
クセのすごい数字たち

数字の持つ思考のクセを知ると、自分にOKを出しやすい

数字には意味があります。そして、その意味は、振り子の法則によって、ポジティブに振れたり、ネガティブに振れたりします。**常に揺れ動いているのです**。

自分自身の思考や気分によって、振り子も揺れ、ポジティブに振れた時はポジティブな面が、ネガティブに振れた時はネガティブな面が出てきます。

すべての物事は、表裏一体。たとえば、「落ち着いていて、マイペース」という本質があったとして、ネガティブに現れた場合は「のんびりやさん」と評され、ポジティブに現れた場合は「慎重派」と称えられたりしますよね。

このように、本質を軸に、ポジティブとネガティブを行ったり来たりする数字。これを個性だととらえ、数字を人のイメージとして分析&解説してみました。

キャラクター化された数字の振り子〝すうじちゃん〟を眺めながら、**自分ごととして、あるいは身近な人を思い浮かべ、数字の理解を深めてみてください。それはきっと、マイナンバーから自分を知るための、強力なサポートになるはずです。**

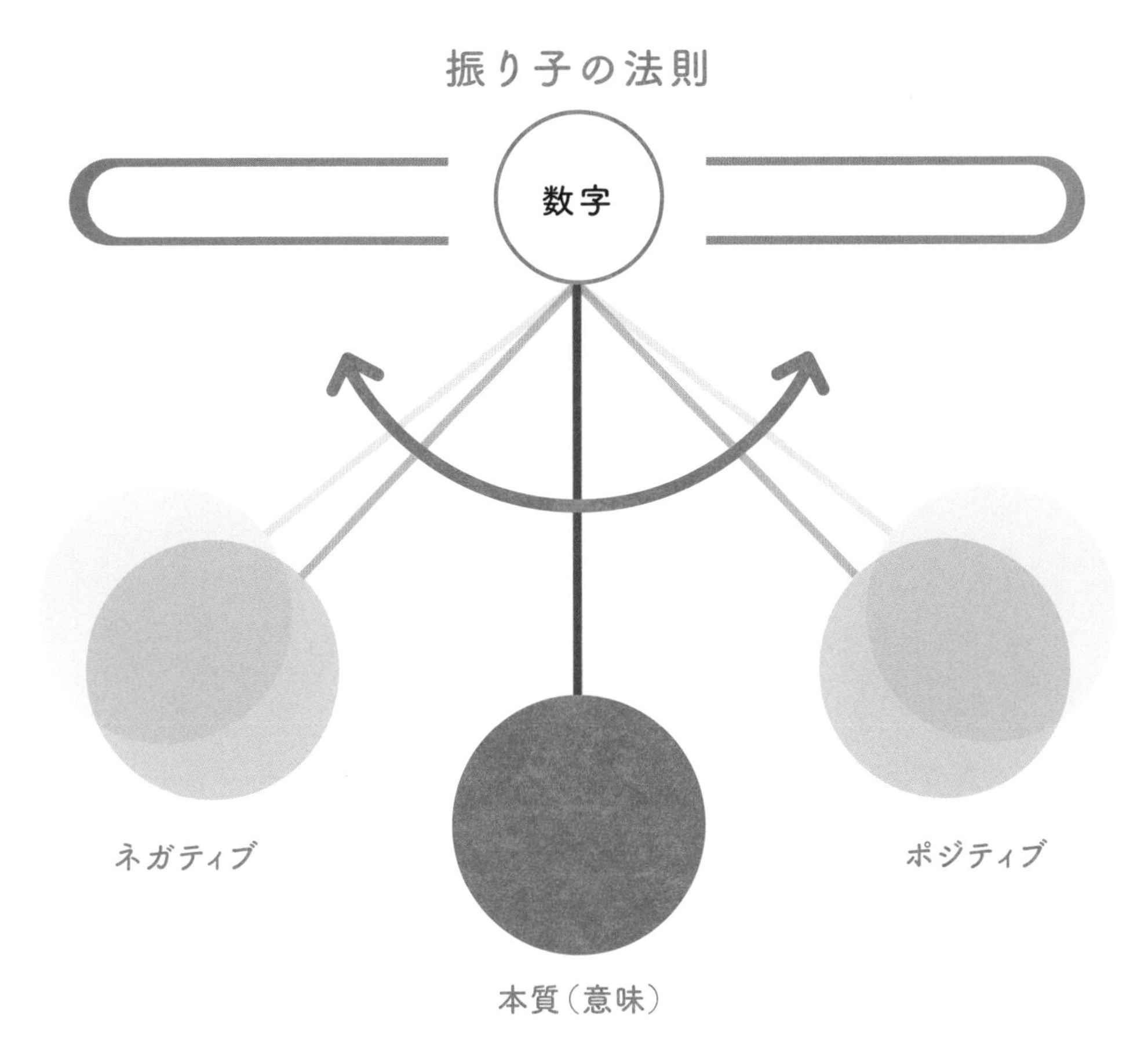

イメージキャラクター「すうじちゃん」が登場します

振り子の法則の図は、すうじちゃんたちの心模様。いつも本質に居られたら強い自分軸で生きられるのに……。「今を生きる」って簡単ではないですよね？　ポジティブになったり、ネガティブになったり、お天気ひとつでも気持ちは揺れ動きます。数秘LIFEが伝える「しなやかで心地いい暮らし」は、「こうでなければいけない」ではなく、「こういうこともある」と知ることで、なりたい自分になるためのヒントです。

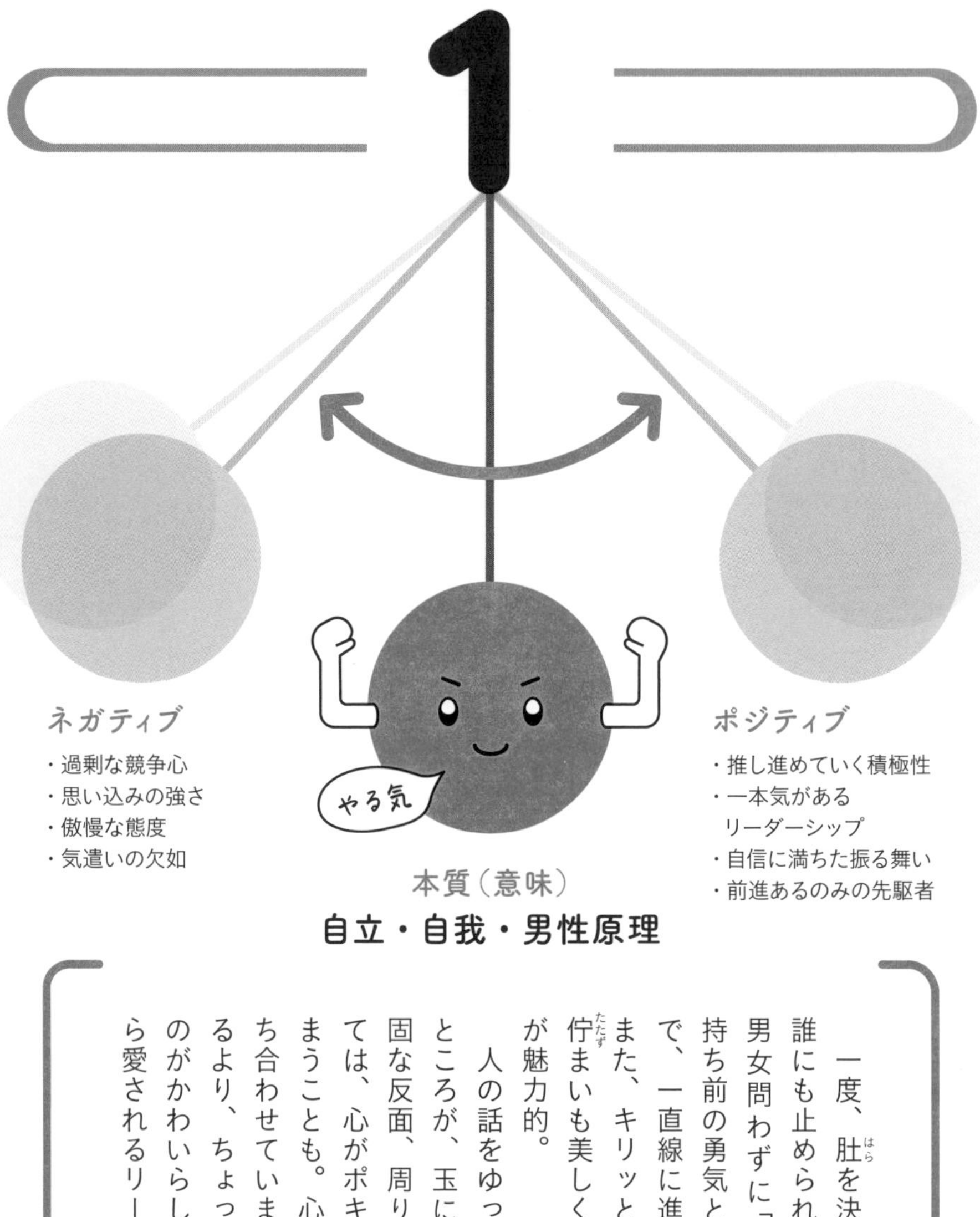

自立・自我・男性原理

一度、肚を決めたら、もう誰にも止められない。そんな男女問わずに「男前」な性格。持ち前の勇気とやる気と元気で、一直線に進んでいきます。また、キリッとして凛とした佇まいも美しく、特に立ち姿が魅力的。

人の話をゆっくり聴かないところが、玉に瑕。強くて頑固な反面、周りの評判によっては、心がポキッと折れてしまうことも。心配性な面も持ち合わせています。完璧すぎるより、ちょっと抜けているのがかわいらしい、みんなから愛されるリーダーです。

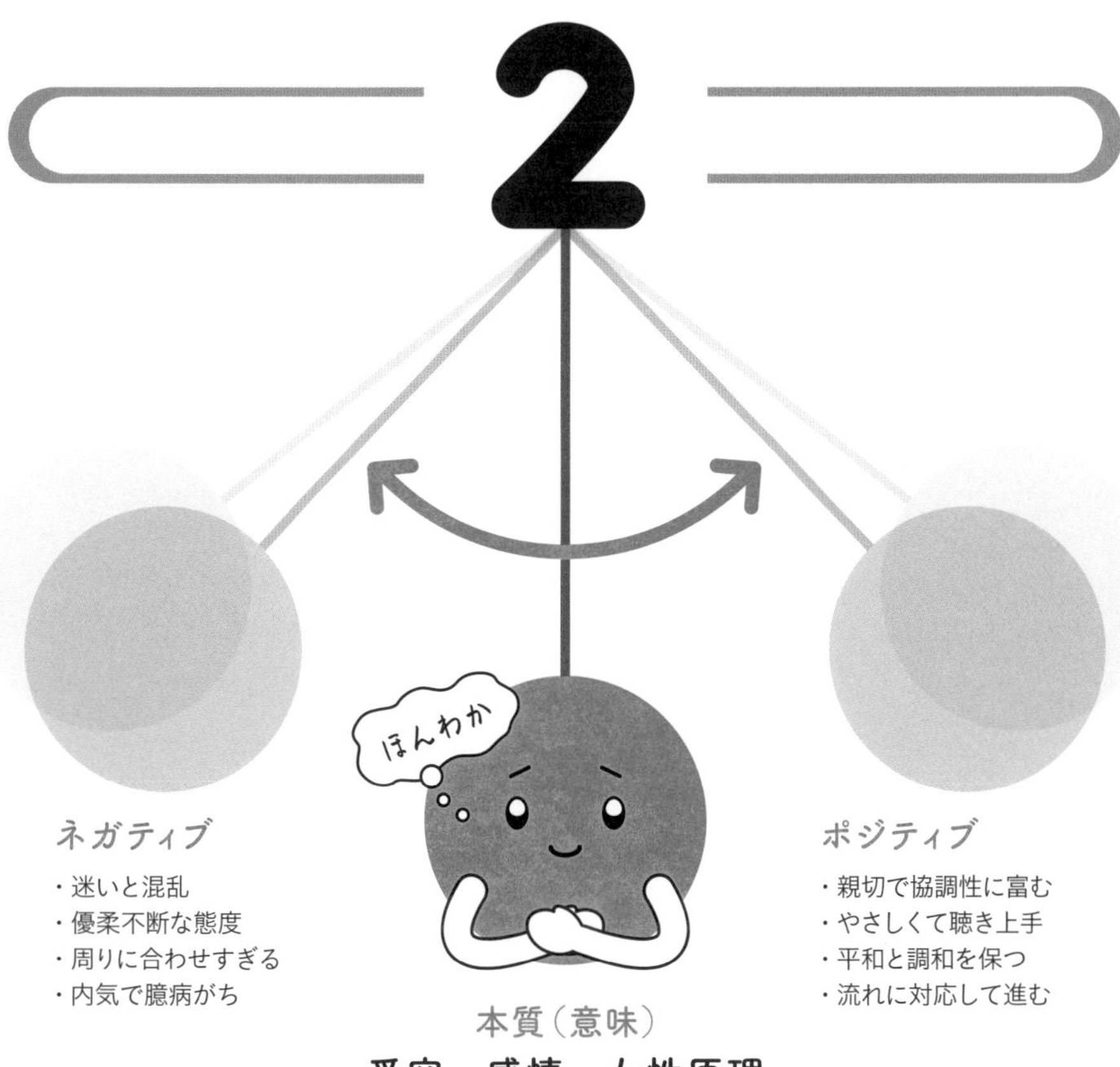

本質（意味）

受容・感情・女性原理

いつもニコニコしている、愛されキャラ。やさしくて思いやりがあり、そこにいるだけで、場が穏やかなムードになってしまいます。調和を何よりも大事にするので、自己主張をすることはほとんどありません。柔らかくて、温かいイメージが魅力。

ただ、自己主張の少ない姿勢を優柔不断だと見る人もいます。実際、迷いが生じると迷宮から抜け出せなくなることもありますが、そんな姿さえ、「かわいい」のひと言で許されてしまいます。誰もが癒やされる、和みの存在です。

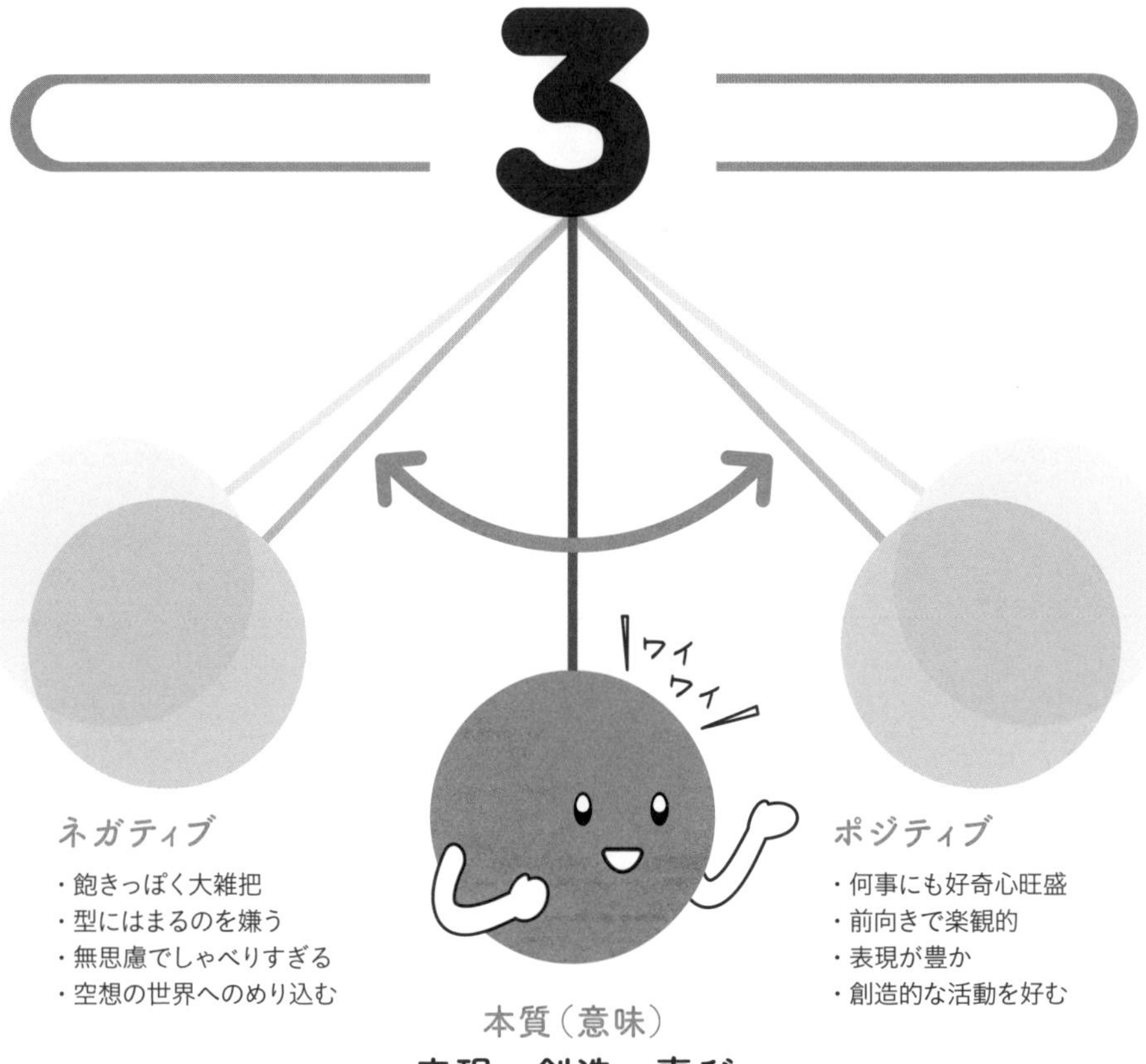

表現・創造・喜び

その場をパッと明るくする賑やかで楽しいキャラ。とにかく、いつだって明るくて、元気で、楽しいことばかりを考えているクリエーター。キラキラとしていて、天真爛漫な子どものような笑顔で、周りの人たちを虜にしてしまいます。

ただ、少しだけ大雑把なところがあり、後先を考えずにダーッと突っ走って、転んでしまうことも……。「あちゃー、やっちゃった」と少し照れ笑いしながら、頭を掻いている姿も、なんともいえず魅力的なのです。

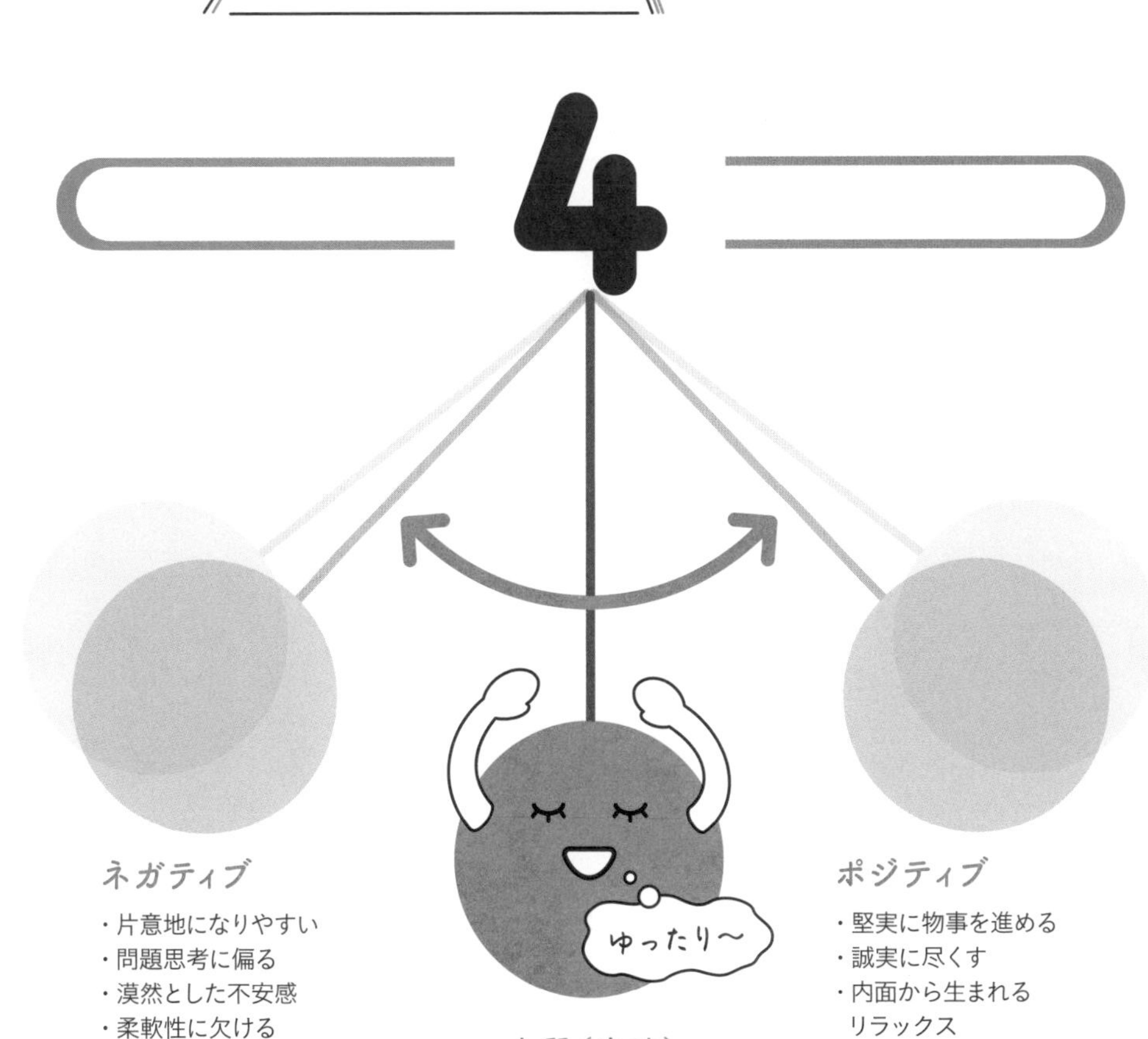

本質（意味）

現実・くつろぎ・安定

常にくつろいでいて、リラックスムードを内面に持っている穏やかなタイプです。その上、まじめできちんとしています。その立ち居振る舞いは、まるで茶道の所作のよう。この人に任せておけば、万事ＯＫ！　と思わせてしまう、信頼感は１２０％！

ただし、確固たる世界観を持つゆえの、融通の利かなさは否めません。が、揺るぎない錨（いかり）を下ろしてくれる、このような存在は貴重なので、多少頑固であっても、周囲のみんなは、目を瞑（つぶ）ってしまうでしょう。

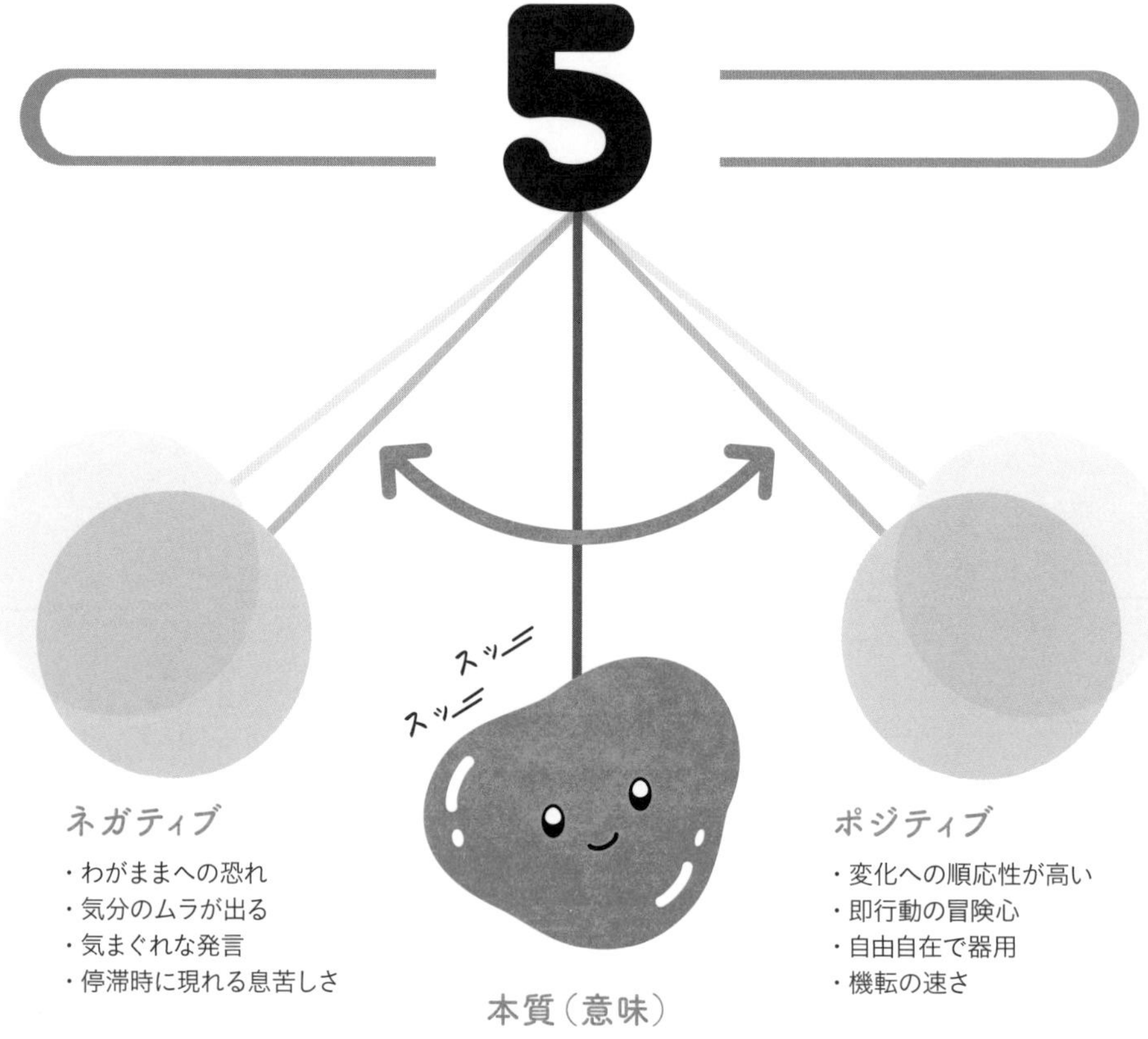

本質（意味）

自由・変化・エネルギー

颯爽と風のように軽やかに動き回っている人。とにかく、体が資本。体を使って、スポーツをしたり、ダンスをしたり、旅をしたりと、瞬間のエネルギーを最大限に活用して、アクティブに行動しています。「やりたい」と思ったら、即実行。自分の心に正直で、自由に振る舞う姿は、とても魅力的です。

後先を考えずに動く傾向があり、落ち着かない印象を与えることもありますが、それも行動力があるからこそ。「らしいよね」と、周囲も温かく受け容れてくれます。

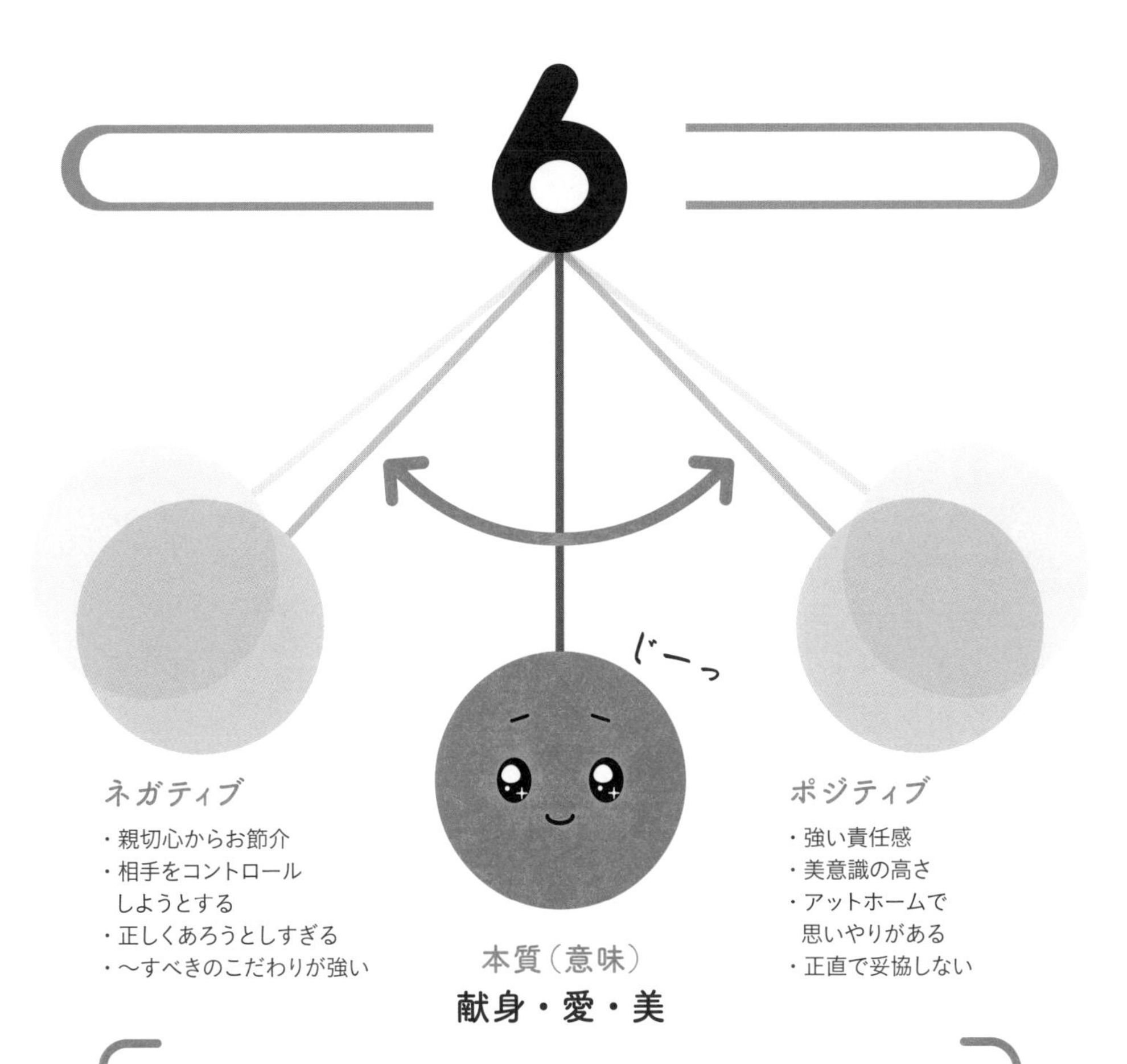

献身・愛・美

ハートフルなお世話好き。相手のことをじーっと、母性のような眼差しで見守りながら、温かい手を差し伸べます。おもてなしの精神を当たり前のこととして持っているため、多くの人から慕われています。また、美しい世界観がベースにあり、所作や立ち居振る舞いも、超一流。

正直なあまり、真っ当なひと突きを相手に与えてしまうことも。痛いところを突かれても、根底に愛があるので、一瞬ムッとしても感謝しか残りません。やさしいだけではない、愛の力を持っています。

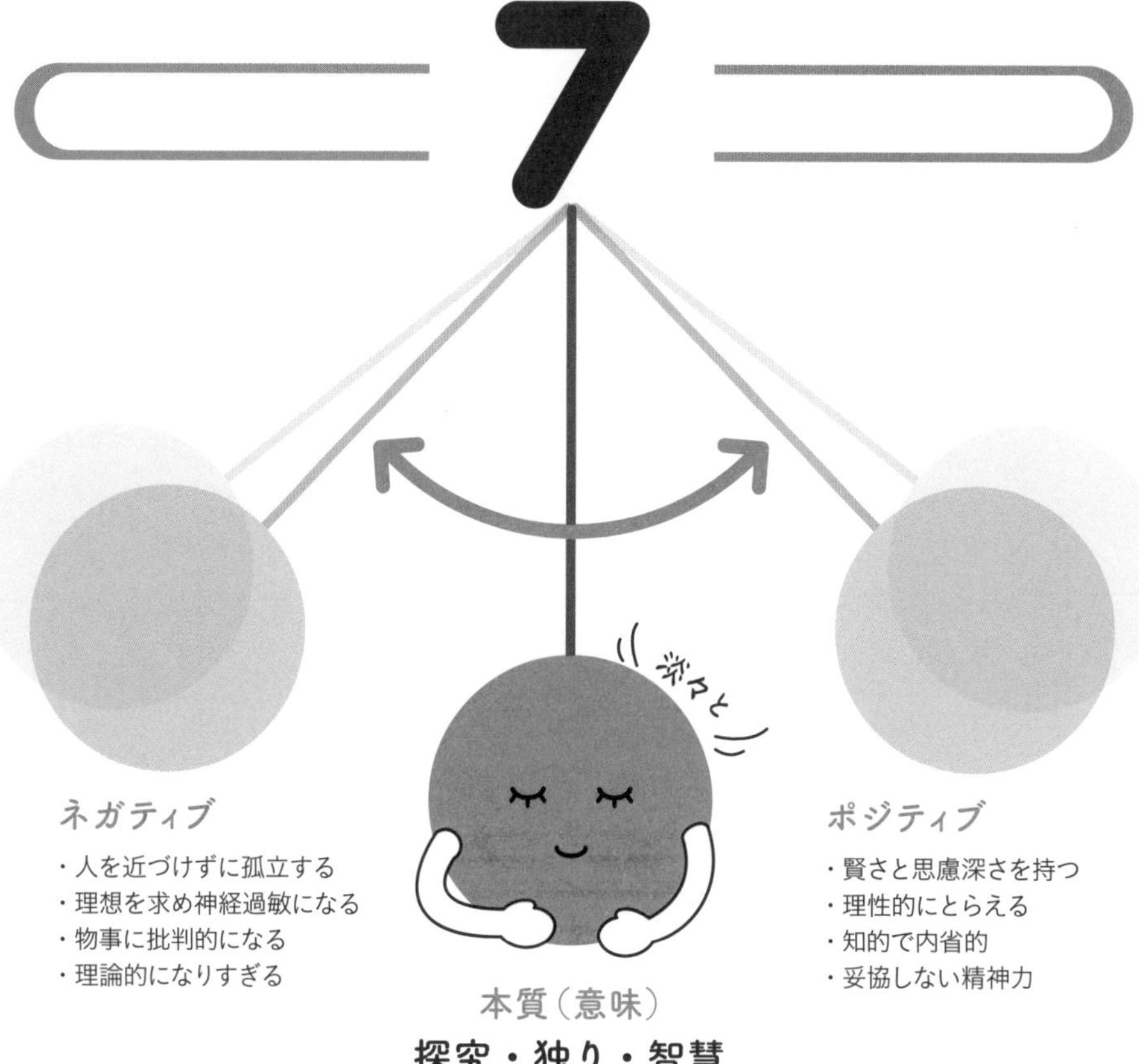

本質（意味）

探究・独り・智慧

粛々と淡々と、自分と向き合っているタイプ。周りで誰が騒ごうが、何が起ころうが、あまり気にしません。ひとりの世界をとことん楽しみます。「これ！」と決めたら、徹底的に追求しないと気が済まない職人気質。我が道を行く、孤高の探究者です。

　あまりにもマイペースがすぎるので、周囲から孤立してしまうこともありますが、無理に周りに合わせることもしません。本人も周囲も「これでいいのだ」と受け容れます。自分の内側の声とつながる神秘性を持っています。

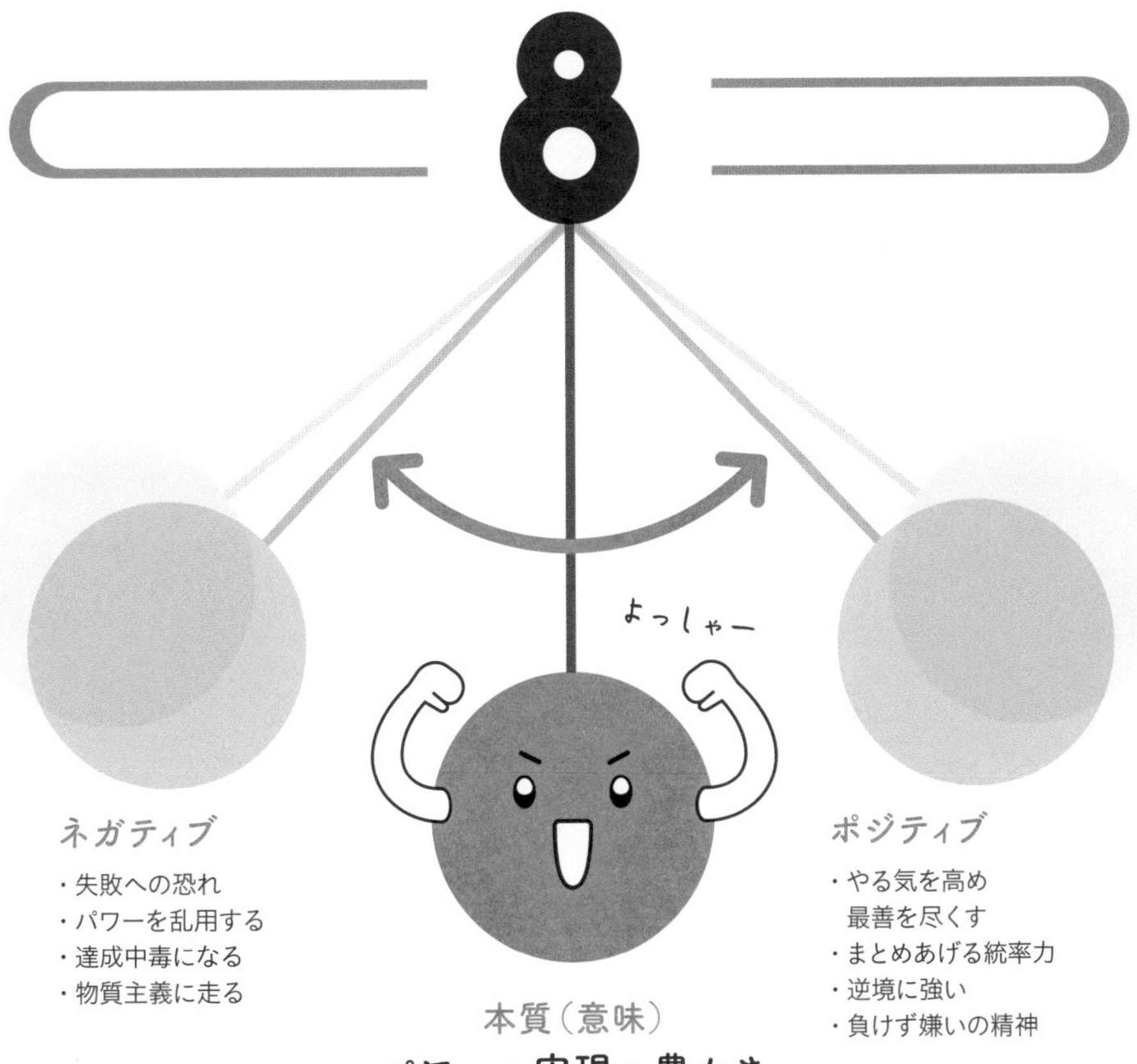

パワー・実現・豊かさ

がんばり屋さんで、豊かで、お金に縁がある人です。目的達成のために、全身全霊でパワーを発揮。そのエネルギッシュさに、周囲は圧倒されてしまうかも。さらに、物質世界と精神世界のバランスをとることにも長けています。このバランスが、無限大のパワーを生み出す秘密です。

ただし、あまりにもパワーが炸裂しすぎると、周りの人を巻き込んでしまうこともあるので注意。巻き込まれてしまったら、ジェットコースターに乗り込んだ気分で、一緒に楽しんでしまいましょう。

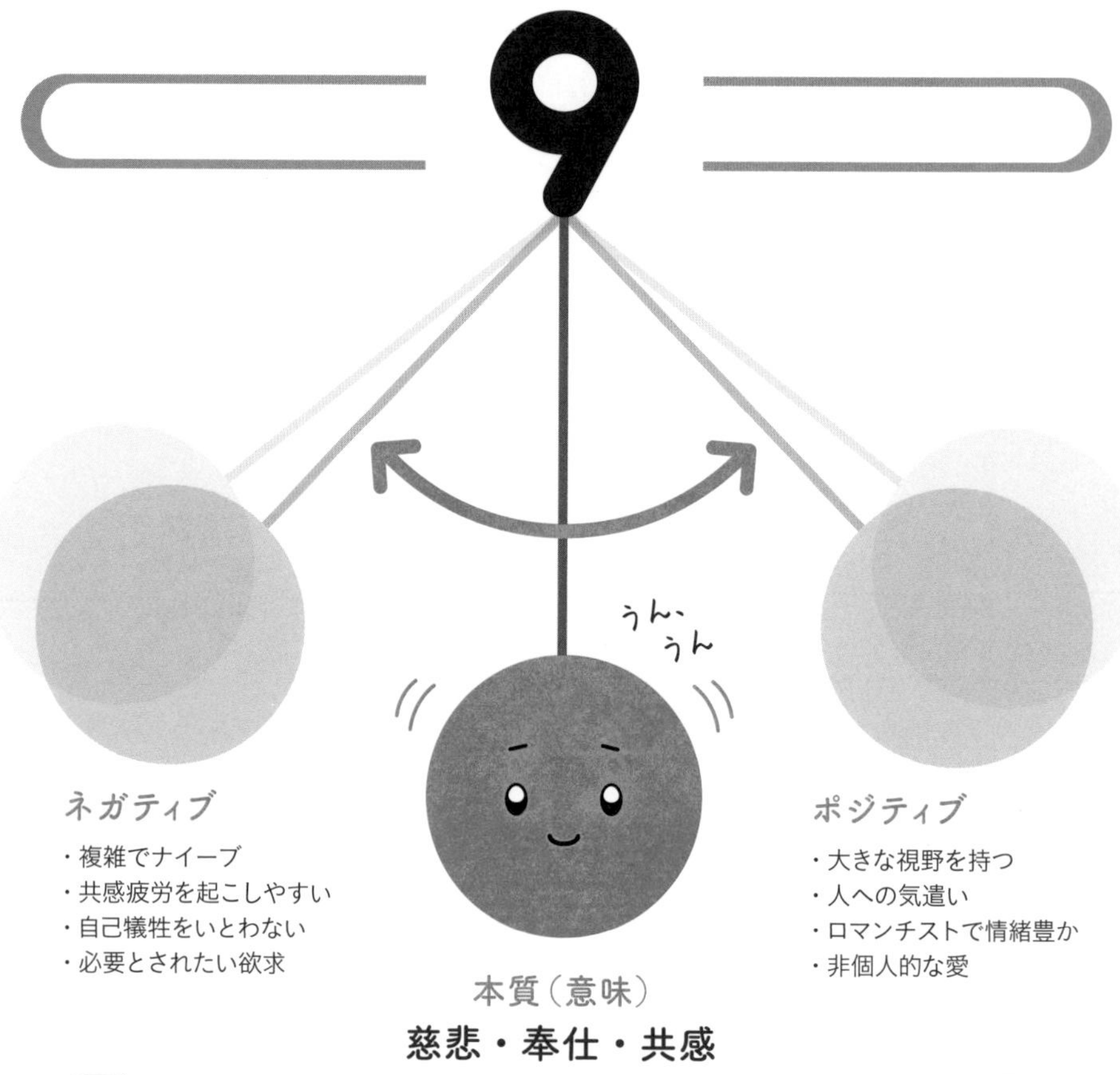

本質（意味）

慈悲・奉仕・共感

人に対しても、自然に対しても、社会に対しても、地球に対しても、宇宙に対しても、全方位に向けて、ハートをフルオープンにできる人。とにかくやさしさに満ち溢れていて、自分は一歩引いてでも、他者に奉仕する精神を持ち合わせています。利他主義者。表に立つことを好まず、陰の支援者・メンターとして、全体をまとめます。

本人に自己犠牲という意識は微塵もありませんが、共感疲労が生まれやすいので、周囲の人も、たまには労（いたわ）ってあげてください。

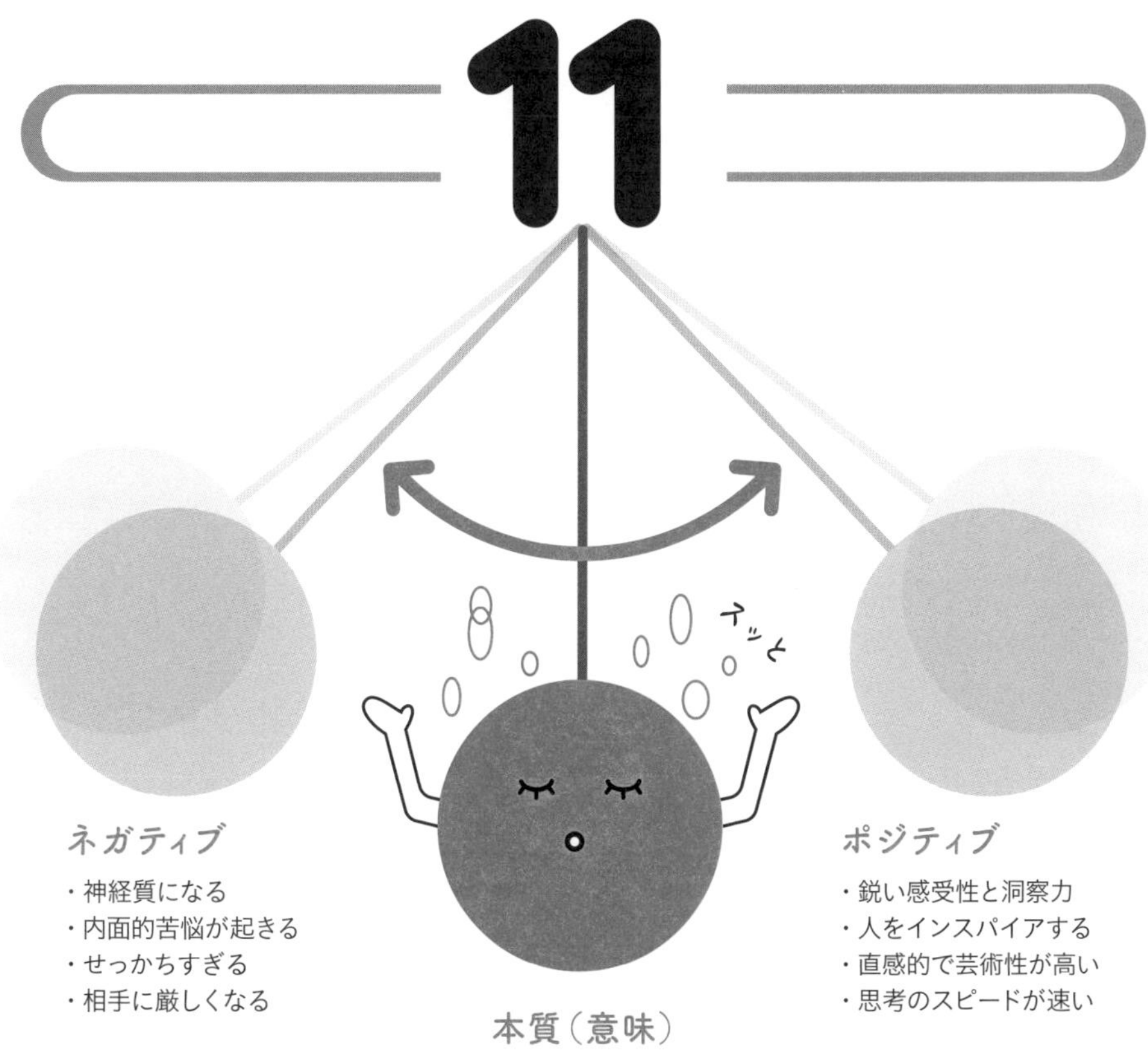

卓越した感受性・繊細・第六感

ヒュンッと落ちてきたサムシングを、スッと受け取ることのできるアンテナを備えています。天から与えられたギフトである繊細な感受性は、絵や音楽などの芸術世界で遺憾なく発揮されます。見えない世界を非言語で察知する第六感や直感、閃き（ひらめ）に関しては、右に出る者はいないでしょう。

その繊細さゆえに、余計なノイズまで受け取り、不安要因を抱えてしまうこともあります。内面が整うまでは、温かく見守るしかありません。超自然的な領域とつながってしまうスピリチュアルな人です。

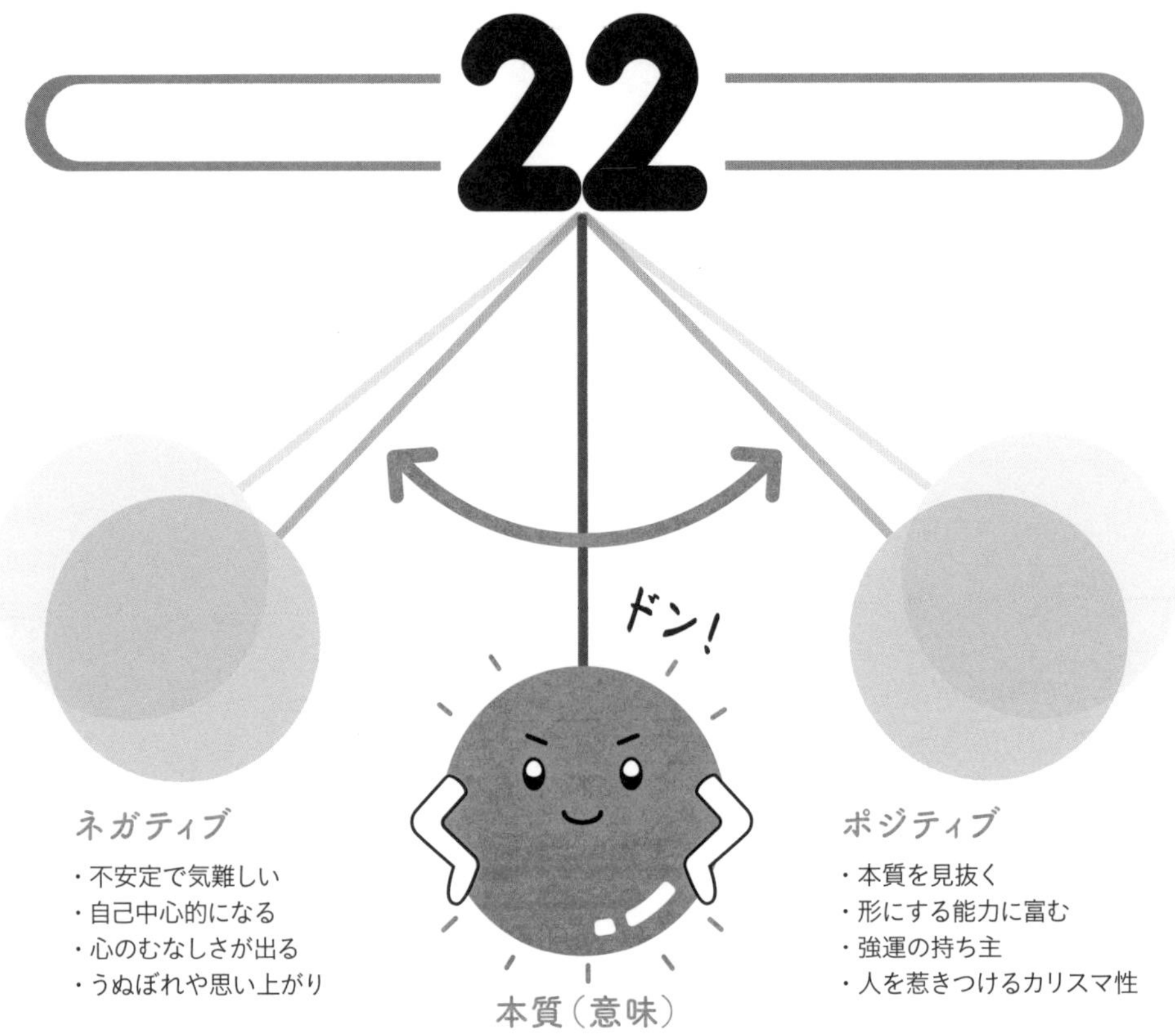

卓越した感受性・開拓・ダイナミック

　直感力に優れているだけでなく、降りてきたイメージや理想を現実世界に根付かせる力を持っています。ものおじせず、強運なパワーを発揮し、周囲からは一目置かれる存在。本人が望まなくても、カリスマとなってしまうのです。

　爆発的な強さに、当てられてしまう人もいるかもしれませんが、その影響力から逃れることはできません。その素晴らしい能力の虜（とりこ）になってしまうのが、得策です。「金（ゴールド・22の色）は輝いてこそ美しい」が合い言葉です。

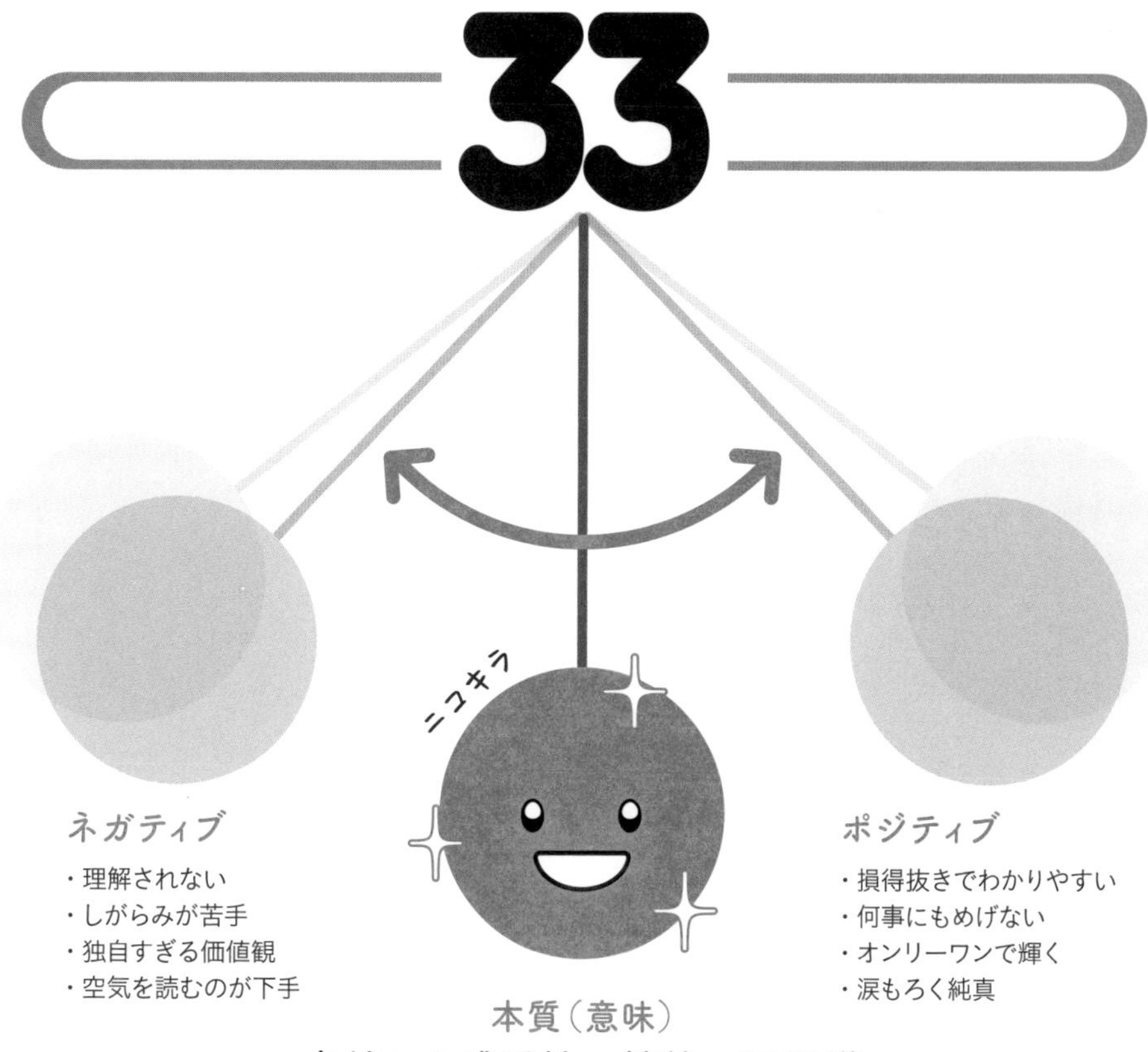

卓越した感受性・純粋・不思議

いつもニコニコキラキラしている、純粋な魂を持っています。とても個性的で、ユニークで、誰にも真似のできないキャラクター。与える愛も半端なければ、受け取る愛も半端ない。ちょっとこの世の次元とは異なる世界からやって来たのでは？　もしかして宇宙人？　と思ってしまうこともあるかもしれません。

時に、浮世離れした世界観が理解されないこともありますが、２０２０年から始まった風の時代（心の時代）に求められる存在であることは、間違いないでしょう。

マイナンバーの自己受容が難しい特殊な組み合わせ

マイナンバーである3つの数字に以下のパターンが現れた場合は、
相反する行動特性を併せ持つことになり、
自分軸を見定めるのが難しくなる可能性があります。
数字のクセを知り、自己受容のヒントにご活用ください。

組み合わせ	特性
1と2	男性原理⇔女性原理
3と4	前向きさ⇔安定さ
4と5	変化より安定⇔変化への行動
6と7	他者に向かう意識⇔自分に向かう意識
8と9	目標に向かう意識⇔全体を見守る意識
1と9	突き進む気持ち⇔俯瞰して留まる気持ち
2と8	迷い⇔大胆さ
3と7	賑(にぎ)やかさ⇔冷静さ
5と7	活動派⇔内省派
3と9	無邪気さ⇔複雑さ
5と6	自由⇔支援

第5章

こんな時どう伝える？ タイプ別コミュニケーションに役立つ コーチング的アドバイス

私が探求をしている「数秘ＬＩＦＥ」は、単なる占いではありません。占いを超えた領域にあるととらえています。なぜなら、カバラ数秘術という人類の叡智である神秘性と、コーチングで活用する行動分析という理論性の両面から成り立っているものだからです。

前著（『誕生日が教えてくれる本当のあなた』）では、「人間関係がラクになる！　数秘×行動分析」のオリジナルメソッドとして「数秘行動分析ツール」をご紹介し、円滑なコミュニケーションのためのヒントを見つけていただきました（本書９ページ参照）。

この数秘行動分析ツールでは、数秘で扱うすべての数字（１〜９、11、22、33）の性質を、行動特性に適合させながら６つのタイプ「主導的」「社交的」「共感的」「緻密的」「調和的」「直観的」に分けています（１４７ページの図を参照）。

自分とコミュニケーションをとる相手の才能数と本質数を図でチェックし、行動特性を照らし合わせることにより、自分と相手への理解を深め、関係性をよりよくしていくためのツールとして活用することができます。

本書では、数秘行動分析ツールのそれぞれのタイプを考察し、その特徴や傾向を見ていきながら、**コミュニケーションにおける「適切なほめ方」と「適切なしかり方」のコーチング的アドバイスを具体的にお伝えしていきます。**

誤解されやすいのですが、コーチングとは、こうしなさい、ああしなさいと指示をすることではありません。すべての人が内側に持っている〝答え〟を、その人自身が気づき、引き出し、自分の人生に活かすためのサポートをします。マラソンでいえば、伴走者です。

ここでは内的本質である「本質数」で見ていきます。まずは、コミュニケーションの相手の本質数の数字が、どのタイプになるのかをチェック。相手の本質と行動傾向を理解し、言いにくいことをさらりと伝えてみてください。スムーズなコミュニケーションに役立つでしょう。

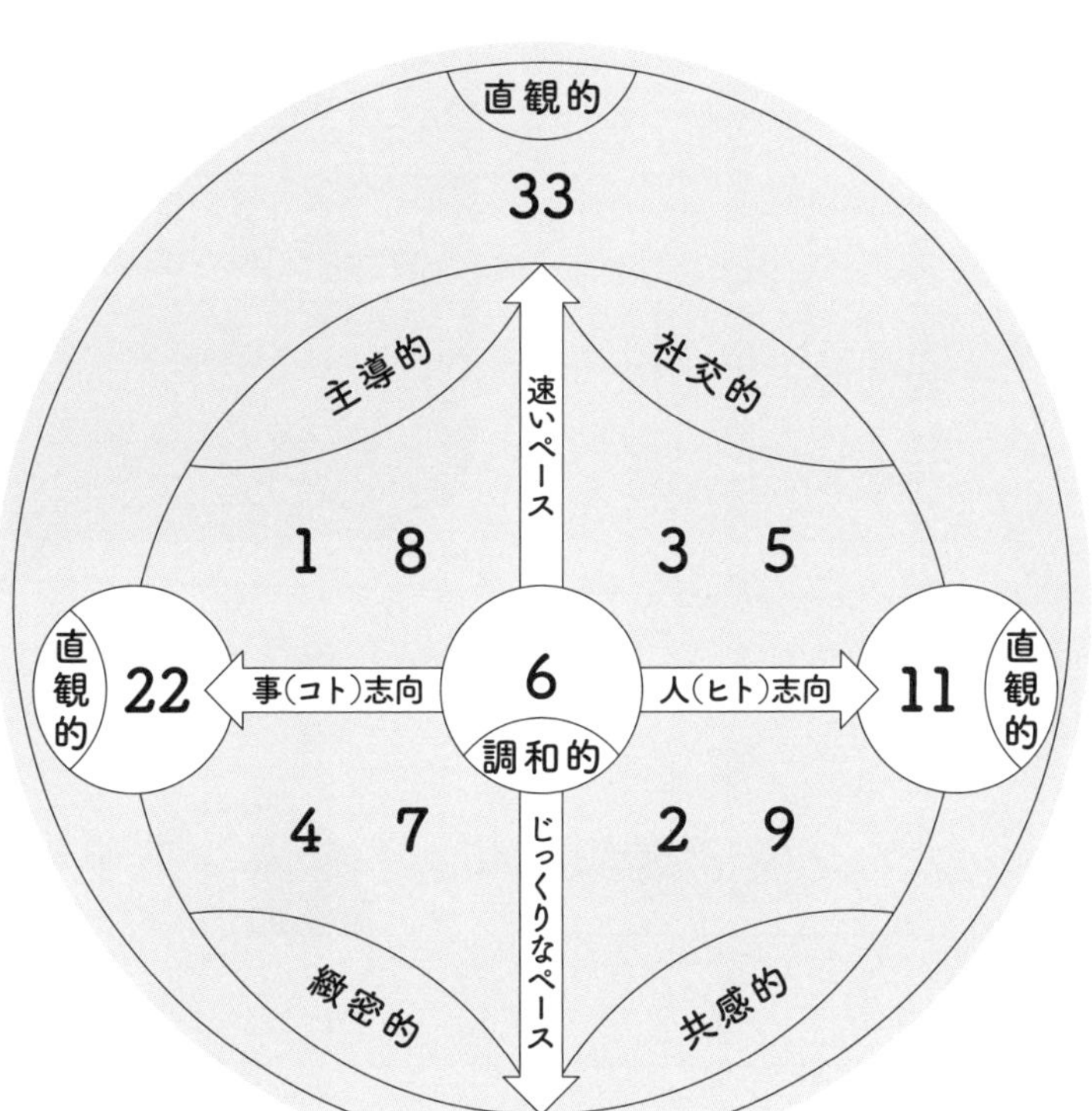

主導的タイプ

決断力が早く、
相手に対して思ったことをはっきり言う

1・8

特徴・傾向

- 強い意志を持ち、課題にチャレンジする行動力があるが、自己中心的に思われることも多い。
- 評価されたい、成功したいという欲求が強く、動機づけにもなっている。
- 意思決定と結果にスピードを求める。
- 改善意識が高く、物事に集中して取り組むものの、細やかな指示や曖昧な説明を嫌う傾向にある。
- プライドと自信があり、プレッシャーを克服する精神力を持つ。

ワンポイント

「1」は個人で推し進める力
「8」は全体をまとめて率いる力

しかり方

細かい指摘や指示はしないように。主導的タイプは自立心が強く、自分なりのやり方を持つ人が多いため、細かく問い詰めるようなしかり方は逆効果です。何がよくなかったのか？　質問を投げかけ、改善点は自ら考えさせるようなアプローチをとりましょう。

今回の敗因は
どこにあったと思う？
この反省を次に活かして
がんばって！
期待しているね！

ほめ方

単純にほめるのではなく、その人が自分で考え、行動したことへの評価を与えるのが効果的です。少し高めの目標設定のほうが、俄然やる気を出すタイプ。手に届くよりも少し上の目標を掲げ、自ら挑戦したいと思うようにするとよいでしょう。

独自の
視点があって、
とてもよかったよ！
任せて
正解だった

Good対応　常に迅速に結論に到達したい思いがあるので、イエスかノーかは素早く伝えましょう。

Bad対応　結局、何が言いたいのかわからないのは御法度。要点をまとめてから話しましょう。

社交的タイプ

感情表現が豊かで、人と接することを好む

3・5

特徴・傾向

●朗らかで社交的であり、積極的に人と触れ合う傾向を持つ。
●発想や感情表現が豊かで、物事をポジティブにとらえる。
●楽観的で熱意に溢れており、人を励ましたり楽しませることを好む。
●難しいことでも安易に引き受けたり、緻密さに欠けたりする側面がある。
●正確で緻密な作業や単純作業はあまり好まず、新しいアイデアやトレンドを好む。

ワンポイント

「3」は友好的で親しみやすい
「5」は多方面への関心にあふれる

しかり方

よかった点と今後の期待も交えて説明しましょう。コミュニケーションは多めにとり、フィードバックをきちんとしてあげると次のやる気につながります。

周囲からの評価が一番気になるタイプなため、ほめる時とは逆で、しかる時は個別に対応しましょう。

説明するポイントは
よかったけれど、
もっと具体的な数字を
入れたほうが
見ている人は
納得しやすかったね

ほめ方

社交的な性格を持つ特性上、周囲からの見られ方を気にするので、ほめる際は、周囲から評価されていることを伝え、人前でほめてあげるとモチベーションアップにつながります。

取り組み方や服装など、些細なことでもいいので、ほめるとグングン伸びるタイプ。

～さんが
この前の○○について、
ほめていたよ!

Good対応 一緒に盛り上がれるかが大切なポイント。雑談は大事な会話のひとつと思いましょう。

Bad対応 あまりに現実的な話には乗ってきません。話の腰を折ることだけはしないようにしましょう。

共感的タイプ

協調性に富み、
相手の心に寄り添って自分を出さない

2・9

特徴・傾向

- 思いやりがあり、協力的である。
- 聴き上手である。
- 極端にならないしなやかさを持つ。
- 平和への強い欲求と関心が常にある。
- 周りの人々の感情に、敏感に気づける繊細さを持つ。

ワンポイント

「2」は特定の存在に対するオープンさ
「9」は360度のオープンさ

しかり方

自己犠牲的になりやすいため、何でも心にため込んでしまう傾向がありますが、無理に気持ちを話させようとすると逆効果。

誰かのためになっている、必要とされることが大事なので、人格を否定するような言葉は絶対に言ってはいけません。

いつもみんなのために
ありがとう！
だけどね……

ほめ方

自分の気持ちが受け容れられていることで安心するタイプ。言動に関して、しっかりと承認してあげることが大事です。

一方的に押しつけるのではなく、常に寄り添う気持ちに対して感謝を率直に伝えるとよいでしょう。

居てくれることで、
揉め事なく
いつもまとまって
いられるよ

Good対応 相づち、うなずき……など、ゆったりとした雰囲気作りが、心をオープンにさせるでしょう。

Bad対応 急かされると貝のように口を閉ざしてしまいます。話をたくさん聴いてあげましょう。

緻密的タイプ

感覚的なものよりも、データなど事実を重視する

4・7

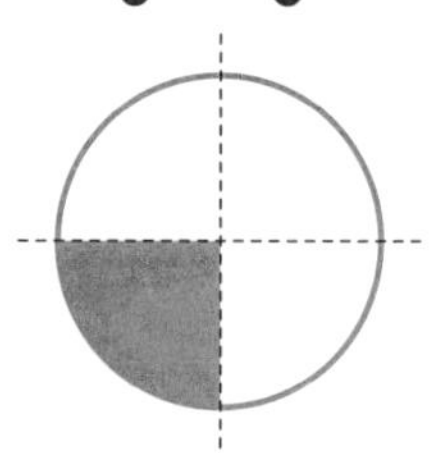

特徴・傾向

- 細部を詰める緻密さを持ち、何度も確認する特徴を持つ。
- 正確さを重視するため、慎重かつ丁寧に取り組む。
- 論理的に納得できないと、行動に移せない側面がある。
- 地道に仕事をこなす粘り強さと、忠実に遂行する実直さを持つ。
- 予測可能な範囲を好み急な変化は好まないため、安定した環境を最優先する。

ワンポイント

「4」は常に現実に向き合う
「7」は常に理性で考える

しかり方

ほめるときと同様に具体的に指摘することが重要。

完璧を求める傾向があるので、理由なく頭ごなしにしかってはいけません。感情的な言い方より、常にわかりやすく、理路整然と伝えることを心がけましょう。

「先日の資料は
○○や△△の
情報も入っていたほうが
よかったね」

ほめ方

内容の具体的な部分を取り上げ、論理的にほめてあげることが大切です。

自分の行動が間違いでなかったかどうかを気にする傾向があり、不安を解消できるよう、誠実に言葉を選んで伝えましょう。

「ぼんやりとした
ほめ方はNG。
お世辞と取られ
逆効果」

Good対応 起承転結、理論立てて話すことを好みます。感情に訴えかけても響かないでしょう。

Bad対応 いい加減な受け答えを何よりも嫌います。曖昧な表現はしないようにしましょう。

調和的タイプ

正しさに重きを置き、全体の様子をくまなくチェックする

6

特徴・傾向

- 責任感や包容力がある。
- 人の気持ちを汲んで、もてなすことが得意。
- コミュニケーションに関心があり、すべてを受容しようとする。
- 家族や仲間を大切にする。
- 与えるのが好きで、役に立ちたいと願う世話好きである。

ワンポイント

「6」は「相手を優先する」から生まれる献身の気持ちが常にある

しかり方

正しさへの固執や責任感の強さから、自分を正当化しすぎて相手を疲れさせ、また自分も傷つくことになります。

本人は気づいていないのですが、親切心からお節介になると相手をコントロールしようとして、感情の不安定さを招く恐れがあります。

困った人を
ほっとけないのは
わかるけどね……

人格否定は一番NG！

ほめ方

みんなが心地良く、くつろいでいられるスペースを作ることが得意。家族やグループでいることを好みホーム志向が強い。

よい人でいたいという欲求があるため、「正しいか？」「間違えていないか？」と不安になることがあります。

いつもみんなの
ために考え、
動いてくれて
ありがとうね！

Good対応　丁寧な会話から親しい関係を築きたいと思っています。適当な表現は避けましょう。

Bad対応　相手の熱意にきちんと応えないと危険。怒らせると怖いタイプなので気をつけましょう。

直観的タイプ

頭で描いていることが、なかなか言葉に置き換えられない

11・22・33

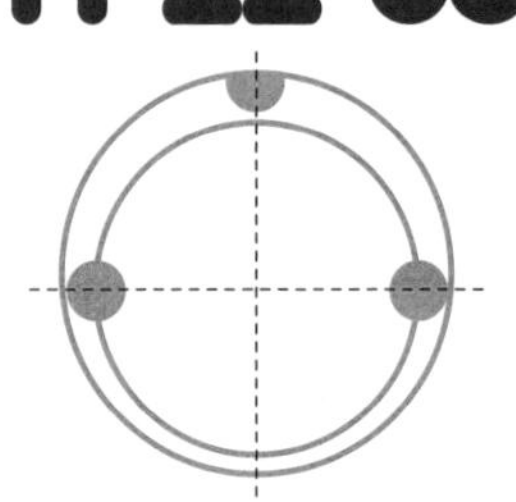

特徴・傾向

- 独創的であるがゆえに、孤独を感じることが多い。
- 頭で理解しようとすればするほど、悩みが増え言語化が難しくなる。
- 数字の波動が大きく複雑なため、人生において常にマスターナンバーの特徴が影響してくる。
- 11なら2があり、22なら4があり、33なら6があるというように、土台となる数字がある。
- 人助けや、人々のために奉仕する生き方を選ぶ場合が多い。

ワンポイント

「11」「22」「33」は違う視点・視野・視座を持っていることを理解することが大事

しかり方

周りとの違いに気づいたとき、自分の殻に閉じこもってしまう傾向があり、葛藤がストレスを生むことに……。

多面性ゆえに、繊細かつ不安定さが垣間見えたりします。

対話より、手紙やメールなどのツールも選択肢となります。

言葉が難しければ
書いてくれても
いいよ

論破して追いつめるのはNG!

ほめ方

波動の大きな数字ゆえに、突拍子もない表現をしたり、自分の世界観に浸ったり、自身でもエネルギーを使いこなすのが大変になります。

自分で自分がよくわからない！　というジレンマに陥りやすく、生きづらさを感じやすいでしょう。

人に合わせすぎなくて
大丈夫！
Who cares?

（誰が気にするの？）

Good対応 時々「宇宙の彼方へ飛んで行った？」と感じることがあっても見えている景色が違っただけと思えばOK！

Bad対応 本音と建前が苦手な繊細さんです。無駄な絡みは拒絶を生むだけでしょう。

HINT

タイプ別　接し方のヒント

6タイプ別に、好むアプローチと嫌うアプローチをまとめました。
無理をして、相手のタイプに合わせる必要はありませんが、
コミュニケーションの際の参考にしてみてください。

数秘行動® 6タイプ	接し方／好むアプローチ	接し方／嫌うアプローチ
主導的タイプ 1・8	・スピーディーに結論から話す ・競争心を刺激する ・任せたら放っておく	・前置きが長くじっくり話す ・質問攻めにする ・婉曲表現で話す
社交的タイプ 3・5	・承認の言葉を伝える ・自由に話させる ・ほめて伸ばす	・理詰めで迫る ・細かなことをごちゃごちゃ聞く ・頭ごなしに結論を急がせる
共感的タイプ 2・9	・丹念に話を聴く ・プロセスや思いを大事にする ・気遣いを示し安心感を与える	・決断を迫る ・詰問する ・一方的に話し対話をしない
緻密的タイプ 4・7	・根拠とリスクを示す ・データやエビデンスを示す ・専門性を評価する	・即答を求める ・ノリで巻き込もうとする ・急な計画変更をする
調和的タイプ 6	・素直な気持ちで話す ・感謝の言葉を伝える ・最後まで話を聴く	・責任を押しつける ・いい加減な返事をする ・人の悪口を言う
直観的タイプ 11・22・33	・根気強く話を聴く ・世界観を大事にする ・適度な距離感を保つ	・面倒くさい態度をとる ・頭ごなしに否定する ・しつこく説明を求める

ワンモア！数秘LIFE

第6章

9年サイクルから人生をデザインする

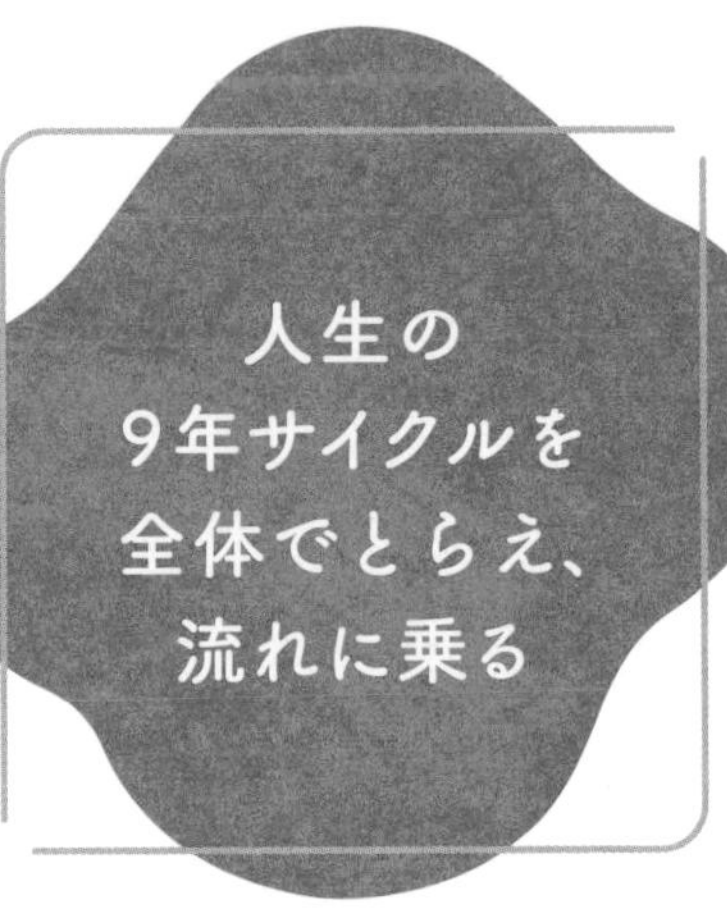

人生の9年サイクルを全体でとらえ、流れに乗る

生まれてからこの肉体を卒業するまで、ひとり一人の人生の流れの中でも、数字の持つ意味が現れます。9年周期でらせん階段を上がるように進んでいくこの流れを、数秘LIFEでは「人生サイクルチャート」と呼び、可視化しています。

起点となる数字は、本質数と同じです。0歳を起点として、0クールがスタートします。最初の「0」を書き込む欄は、生まれた日（生年月日）から導き出された数字、すなわち本質数と同じ列になります。誕生日を迎えるごとに、数字が切り替わり、サイクル9で完了。次のクールへとシフトアップしていきます。（人生サイクルチャートの作り方の詳細は168ページで紹介）

この9年のサイクルで数字は、その人の内側にある意識の流れを教えてくれます。数字の持つメッセージは、1「始まり」、2「忍耐」、11「感受」、3「発展」、4「基盤」、22「大波」、5「変化」、6「責任」、33「激動」、7「小休止」、8「結実」、9「完了」。「1」でスタートした流れが、紆余曲折ありながら「8」で実を結び、「9」で手放して、次の新ステージへとステップアップし、また「1」から始まる、という流れになっています。

この流れは、いい悪いとか吉凶を占うものではなく、あくまでもバイオリズム。0歳から始まった人生の流れが、どのようにらせん状に流れながら上昇しているのか？　自分は今流れのどこにいるのか？　その前の流れと今後はどうなのか？　というサイクルの流れを、俯瞰して見ることが大切です。

この大きな流れをとらえつつ、自分の人生をデザインすることができれば、運気の波に乗ることができます。なぜなら、先ほど「意識の流れを数字が教えてくれる」と言ったように、この9年サイクルは、意識の深い部分とつながっているバイオリズムだからです。人生には波があります。大波もあれば小波もあり、凪（なぎ）があれば時化（しけ）もあります。その波に逆らうより、うまく活かして波に乗ったり、あるいは静かに嵐をやり過ごしたりしたほうが、運気の波にチューニングしやすいと思いませんか？　自分の人生を自分でクリエイションするために、人生サイクルチャートをお役立てください。

Column 10

大谷翔平選手の人生サイクルチャートを見てみよう

9年ごとのサイクルが織りなす人生を一瞬で見られる人生サイクルチャート。

大谷翔平選手の場合は3クール目のサイクル22でエンゼルスと契約し、サイクル8でアメリカンリーグMVPに満票で選出。現在(2024年)は人生の大きな節目といわれる4クール目のサイクル1にいて、新境地・ドジャースへの移籍を発表しました。

こうして見ると、9年サイクルの適確さには、あらためて驚かされます。

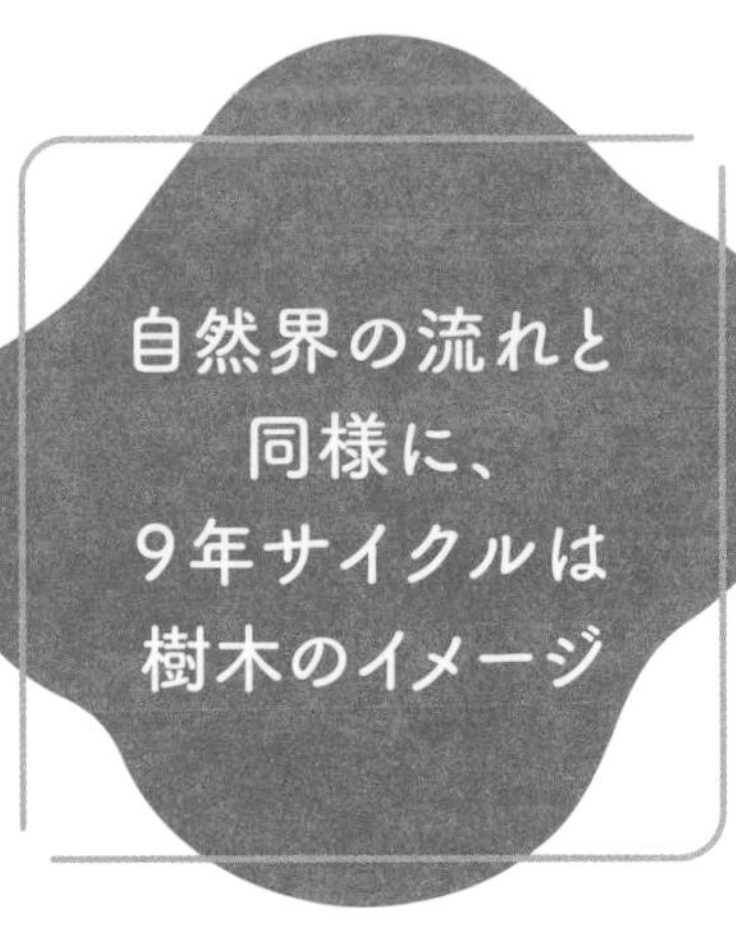

この世界の真理のひとつに循環があります。自然界を観察していると、すべての命が循環というシステムの中で営まれていることがわかるでしょう。人間も自然の一部なので、9年サイクルのことも、自然界にある樹木の成長になぞらえてみると、その流れがよくわかり、イメージが湧きやすくなります。

①**種まき**…どんなに肥沃な土壌があったとしても、そこに種がなければ、何も始まりません。何かやりたいことがあれば、ひとつに絞らず、いろいろな種をまいてみましょう。

②⑪**お手入れ**…芽吹くまでの1年間。焦らず、忍耐強く、丁寧にお手入れをする時期。種をまいた時の思いを再確認し、現状を把握しながら調整を。11の場合は、感受性が強くなります。

③**芽が出る**…小さな双葉が芽を出します。その姿を見て、これまでを振り返り、いらないものは手放し、必要なものは調達しながら、双葉の成長を促しましょう。

④㉒**雑草の手入れ**…安定して成長をサポートするために、草むしりなどの地道な作業に尽力しましょう。22の場合は、ダイナミックな大波の予報が。人生のターニングポイントになることも。

⑤**成長**…グッと大きく成長をする時期。その変化を受け入れて、さらなるチャレンジをすれば、成長を促すことにつながります。結果を恐れず、好きなことにチャレンジを。

⑥㉝花が咲く…花が咲く時。美しく愛に溢れていることでしょう。何だかんだと忙しくなる1年です。33の場合は、劇的な変化をもたらす可能性がありますが、その確率は五分五分です。

⑦剪定…花が咲き終わってからの小休止。サイクル6までにやれることはやってきました。ひと休みしてメンテナンスを。より豊かな実りのために、剪定しながら枝ぶりを眺めましょう。

⑧収穫…今までやってきたことの結果が出ます。果実をしっかり味わいましょう。美味しければ歓(よろこ)び、今ひとつなら課題を見つけて次に活かしましょう。エネルギーはピークに達します。

⑨土に返す…次のシーズンのために、土壌を整えます。落ち葉や枯れ枝や果実の皮などは、すべて土に返して循環させましょう。手放して、大掃除。けじめをつけて完了し、種まきに備えます。

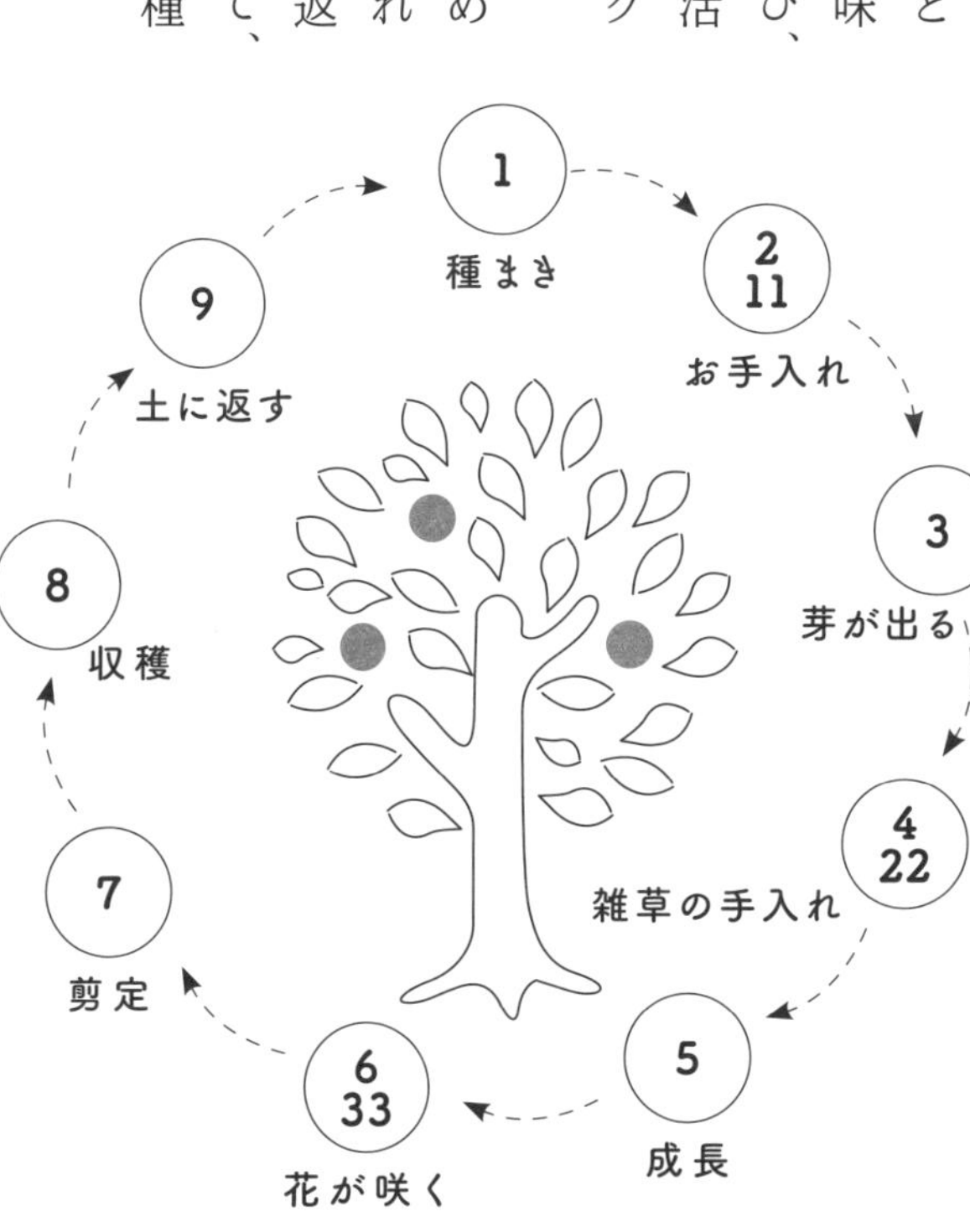

９年サイクルを上手に活用しよう

人生サイクルチャートの９年サイクルを上手に活用するポイントは、数字の意味を頭に入れておくことです。サイクルの土台は、数字の意味で成り立っているからです。数字の意味は、「第４章　クセのすごい数字たち」を参考になさってください。

１からスタートしたことが、３や６で表立っての成果が現れ、そして８で結果となる。９は次のシフトに向けての準備期間。そして、９年サイクルは、年齢の若い初年期から中年期、晩年期へとらせん階段を上っていくイメージでシフトアップしていきます。１クール（９年のサイクル）もまた、数字の意味がテーマとして現れています。

０歳からの０クール目「息吹」からスタートし、初年期（１クール目「起点」、２クール目「協調」。３クール目「創造」）、中年期（４クール目「土台」、５クール目「成長」、６クール目「開花」）、晩年期（７クール目「自己」、８クール目「充実」、９クール目「貢献」）で、今生をまっとうするという流れです。

初年期は才能数が現れやすい時期、中年期は本質数と向き合う時期、晩年期は探究数に向かい出す時期ととらえましょう。

自分は今、人生の何クール目にいて、９年サイクルのどの数字にいるのか。この２つの視点で俯瞰することが大切です。

人生サイクルチャート

人生周期	各クール	9年サイクル											
		1	2	11	3	4	22	5	6	33	7	8	9
		始まり	忍耐	感受	発展	基盤	大波	変化	責任	激動	小休止	結実	完了
	0クール目・息吹	新たな9年の方向性を計画する種まきの年。	迷いが出ても焦らず冷静に進む忍耐の年。	精神的に揺れ動く良くも悪くも不安定な年。	純粋に楽しみ創造の力から芽が出る年。	地に足をつけ地道に安定を目指す年。	変化の波が大きく全てが極端に出やすい年。	変化を恐れず果敢にチャレンジする年。	身近な人との関係性が濃く現れる年。	思いもよらぬ転機が訪れる激動の年。	身心のメンテナンスに努める内省の年。	積み重ねてきたことの結果が出る充実の年。	この9年に執着せず完了させる大掃除の年。
初年期	1クール目・起点												
	2クール目・協調												
	3クール目・創造												
中年期	4クール目・土台												
	5クール目・成長												
	6クール目・開花												
晩年期	7クール目・自己												
	8クール目・充実												
	9クール目・貢献												

個人サイクルの出し方

人生サイクルチャートの作り方は、次ページで詳しくお伝えしますが、まず、今自分は、どこのサイクルにいるのかを知りたい場合は、次のように算出します。

現在の西暦に生まれた月日を足し、1桁まで足し込んでいきます。

たとえば、5月21日生まれで、2024年のサイクルを知りたければ、
2+0+2+4+5+2+1=16
1+6=7
2024年は「サイクル7」。

サイクルは、誕生日で切り替わるので、この人の場合は、2024年の5月21日から1年間が「サイクル7」になります。

このとき、1桁に足し込む直前の数字がゾロ目(11、22、33)だった場合は、そのマスターナンバーがサイクルの数字になります。

数秘LIFEのサイトでは、自動でマイナンバーと個人サイクルが算出できます(無料)。

右の二次元バーコードからご利用ください。

☑ 人生サイクルチャート　記入シート

人生周期	各クール	9年サイクル 1	2	11	3	4	22	5	6	33	7	8	9
	0クール目 息吹												
初年期	1クール目 起点												
	2クール目 協調												
	3クール目 創造												
中年期	4クール目 土台												
	5クール目 成長												
	6クール目 開花												
晩年期	7クール目 自己												
	8クール目 充実												
	9クール目 貢献												

人生周期	各クール	9年サイクル 1	2	11	3	4	22	5	6	33	7	8	9
	0クール目 息吹				0	1		2		3	4	5	6
初年期	1クール目 起点	7		8	9	10		11	12		13	14	15
	2クール目 協調	16	17		18		19	20	21		22	23	24
	3クール目 創造	25	26		27		28	29	30		31	32	33
中年期	4クール目 土台	34	35		36		37	38	39		40	41	42
	5クール目 成長	43	44		45		46	47	48		49	50	51
	6クール目 開花	52	53		54		55	56	57		58	59	60
晩年期	7クール目 自己	61	62		63		64	65	66		67	68	69
	8クール目 充実	70	71		72		73	74	75		76	77	78
	9クール目 貢献	79	80		81		82	83	84		85	86	87

HOW TO 人生サイクルチャートの作り方

人生サイクルチャートの起点は、0歳。0歳のサイクルを知るためには、自分の生まれた西暦に生まれた月日の数字をすべて足して、1桁になるまで足し込みます(前ページでも、知りたい西暦＋生まれた月日＝その年のサイクルとお伝えました)。

つまり、生まれた時のサイクル数は、マイナンバーの本質数と同じということになります。

たとえば、1990年6月23日生まれの場合
1＋9＋9＋6＋2＋3＝30　→ 2＋0＝3
生まれた時のサイクル「3」、本質数「3」

生まれたときのサイクル(本質数)がわかったら、次に、右ページにある人生サイクルチャートに記入していきます。横軸0クール目、縦軸サイクル3の交差する枠に「0(歳)」と記入。ここが起点となり、隣のサイクル4に「1(歳)」、5に「2(歳)」、6に「3(歳)」と記入していき、下の段1クール目の1に「7(歳)」、2/11に「8(歳)」……と、年齢を書き込みましょう。なお9クール目以降は、人生の集大成として現れます。

この時、注意しなければならないのが、ゾロ目が出る可能性のある、サイクル2/11、4/22、6/33の縦軸です。

この列に限っては、西暦と生まれた月日を足してみて、1桁に足し込む前にゾロ目になった場合は、ゾロ目の列に書き込みます。

たとえば上記の1990年6月23日の人ですが、2027年は2＋2＋7＋6＋2＋3＝22となるので、4クール目のサイクルで　4/22の枠の「22」の列に、年齢「37」を記入します。

※人生サイクルチャートは公式HPの「SuhiLife個人鑑定書」(有料)でもご確認いただけます。

9年サイクルを見て、流れとターニングポイントを把握する

人生サイクルチャートに、自分のサイクルを記入すると、人生の大きな流れが見えてきます。過去を振り返ってみても、「確かに、この年にこんなことがあった！」と、サイクルの数字が意味することと、人生の出来事との符合に、誰もが驚きます。

9年サイクルは、らせん状に上昇しながら繰り返されるのですが、いくつかのターニングポイントがあります。

まず、起点となる0歳のサイクルの列。これは本質数と同じになると前述しましたが、**9歳、18歳、27歳、36歳、45歳、54歳、63歳、72歳、81歳と、9の倍数になる年齢の時は、必ずこの本質数と同じサイクル数に戻ってきます**。そのサイクル数が1であろうが、2であろうが、9であろうが、**自分の本質である「ゼロ」に戻ります**。人生の節目といっても過言でない出来事や変容の可能性が高い年齢となるでしょう。**本質数に戻ってくるということは、自分らしさを思いっきり発揮できるので、大変容をする人も多い**ようです。

次は3クール目から4クール目への移行期（初年期から中年期へ）、6クール目から7クール目への移行期（中年期から晩年期へ）も、ターニングポイントです。

たとえば前述の1990年6月23日生まれの場合、本質数の3が起点の0歳となり、「33歳から34歳」、「60歳から61歳」が、とても大事な時期になります。サイクル9に当たる33歳と60歳に、これまでのことをきちんと完了させ、執着せず、手放し、サイクル1の34歳と61歳で、新しいスタートが切れるかどうかが、その後の人生を左右することになるでしょう。

さらに、人生サイクルチャートのど真ん中、5クール目のサイクル5の年（1990年6月23日生まれの場合は47歳）は、人生の折り返し地点となり、後半戦への大事な時期となります。

社会サイクルと個人サイクルは無関係

西暦の数を足すと、その年のサイクル数が算出できます。

2024年であれば、2+2+4=8。

2024年はサイクル8の年となり、元日から大晦日までの1年は、8の流れとして見ることができます。つまり、2024年は、「審判本質の年」で、紛争やトラブルなどの本質が明るみに出ると考えられます。

これは、世の中の流れ、世相の流れであって、個人サイクルとの関連性はありません。

社会サイクルの特徴

1「価値変動」　2「平和協調」　11「精神動揺」　3「積極創造」
4「不安定混乱」　22「共存拡大」　5「変化変容」　6「調和責任」
7「希望変革」　8「審判本質」　9「終焉序章」

※社会サイクルについては前著『誕生日が教えてくれる本当のあなた』に詳しく紹介しています。

1から始まる9年間の過ごし方 コーチング的アドバイス

サイクル1から始まる9年間。それぞれの年をどのように過ごせば、流れに乗って生きていくことができるのでしょうか。

コーチングとメンタルトレーニングの資格を持ち、人材育成の仕事にも携わっている私から、コーチング的なアドバイスを織り交ぜて、いい人生につながる〝サイクル波乗り術〟のヒントをお届けします。

サイクル1の年

新たな9年間の方向性を計画する種まきの年

始まり、スタートの年です。今、そこに立っている気分は、どんな感じですか？　前向きですか？　それともモヤモヤしていますか？　もしかしたら、学年が上がってクラス替えをしたばかりの小学生のような、何とも言えない気持ちになっている

スタートラインに
立っている感じは、
いかがですか？

かもしれませんね。

天に向かって、気持ちが真っ直ぐに伸びている。でも、ただ待っているだけのタイミングではないという、サイクル1に立っている感覚がしっかりと摑めたら、この1年を大切に過ごしてほしいのです。始まりがなければ、途中もないし、終わりもないのですから。

他人のことなど気にせず、自分の思いと感覚に深くつながり、これからどうしていきたいのか、何をしたいのか。確固たる意志、気持ち、勇気を満タンにして、スタートしてください。

何かを始めるのも、はじめの一歩。始めようと決意するのも、はじめの一歩です。

サイクル

2 or 11の年

2 迷いが出ても焦らず冷静に進む忍耐の年

サイクル1で抱いた確固たる思いを胸に、動き始めましたね。でも、そう簡単に結果を求めないようにしてください。焦りは禁物。何をするにも、熟成させる期間が必要です。

今、あなたがやるべきことは何ですか？　人と協働することかもしれないし、情報収集かもしれません。どうすれば結果が出せるのか、忍耐強く検証していきましょう。

うまくいかない時は、誰かにアドバイスを求めればいいのです。もしかしたら、耳が痛くなることを言われるかもしれません。では、なぜ自分はモヤモヤするのか？　とニュートラルに俯瞰する姿勢を大切にすれば、次なるサイクル3へと流れがつながっていきます。

次へつなげるために、
今やるべきことは
何ですか？

11 精神的に揺れ動く、よくも悪くも不安定な年

基本はサイクル2と同様です。それにプラスして、勘が鋭く、第六感が働きやすくなるでしょう。自分の感情、感覚、感性を守るようにしてあげてください。

ネガティブなニュースやSNSに揺れ動いてしまうのであれば、デジタルデトックスをするなどして、自分のアンテナは良い周波数にチューニングするよう心がけることが大切です。

自分の感性を丁寧に扱いながら、無理なく、リラックスして過ごしましょう。

自分の感性を
信頼していますか？

何か物足りなさを
感じていませんか？

純粋に楽しみ、創造の力から芽が出る年

サイクル1で始めたことの結果が現れてくる年です。まずはひと安心というところですが、その先の流れにより良く乗るためには、自分の中でスクラップできるものはないか、いま一度確認することが大切です。その先へ、もう一段アップするためには、創造の領域に踏み込む必要があります。つまり、スクラップ&ビルド。

より高みを目指して、押し上げ、サイクル8での結実に向かって育て上げるように、自分でデザインすることを心がけましょう。今の結果はもちろん素晴らしいことですが、これだけで喜んでいるのは、もったいない。創造の前には破壊があり、その先にはさらなる創造の世界が待っていることを忘れないでください。

正しさより楽しさを選び、常識や自分を縛っている限界を飛び越えて、流れに乗っていきましょう。

今の状態は、
安定していますか？

サイクル
4 or 22の年

4 地に足をつけ地道に安定を目指す

次の発展期に入るステップの年です。創造したものを安定化させるというのは、それほど簡単なことではありません。ガタガタな道を平らにならすのは、手間がかかることですよね。次のステージへ上がるための発展には、これくらいのことが必要なのです。

サイクル3で破壊したものを安定させるというのは、地道な作業ですし、ストレスも多いし、飽きてしまうかもしれません。けれど、ここで手抜きをせずに、しっかりした土台を作れるかどうかが、今後の肝になってきます。

ひと言でいえば踏ん張りどころ。形を作ることだけにとらわれず、自分の感情を置き去りにせず、内面のくつろぎ(安定)にも意識を向けるようにしてみましょう。

22 変化の波が大きく、すべてが極端に出やすい年

基本はサイクル4と同様です。それにプラスして、パワフルでダイナミックな年

になるでしょう。大波です。決して穏やかな凪とはいかないことが多そう。

でも、大波が来るとわかっていれば、それ相応の対処ができるはず。大きな波に乗る準備をするか、無理をせず見送るか。どちらにせよ、カバラ数秘では大幸運の数なので、後から振り返ると、ターニングポイントだったことに気づくでしょう。

その大波に乗る覚悟はできていますか？

サイクル 5の年

いいアイデアが浮かんできましたか？

変化を恐れず果敢にチャレンジする年

9年サイクルの折り返し地点。後半戦に向かって、スピードがアップします。少しぐらい前のめりだって構いません。瞬間瞬間をエネルギッシュに生きていきましょう。

何かアイデアが浮かんだなら、やってみるタイミングです。変化は吉。変化は必然。時代や自分の気持ちに合った、しなやかな変化が人生の場面には必要なのです。変わること、化けること、それはやりがいと成長につながります。そんな1年だと捉えて、躊躇せずにチャレンジあるのみ！

ただし、無理をして動きすぎると体の調子がダウンすることも。それは「オーバーペース」という体からのサインなので、素直に受け入れてくださいね。

自分できっちり肚を決められますか？

6 身近な人との関係性が濃く現れる年

サイクル6に入り、自分以外の他者との関わりがポイントになる1年。調和、協調、バランスが大切になります。他人のことで忙しくなることも多く、自分の思うようにいかないことがあっても、この1年は割り切ることが大事です。

周りとの調和をとるためには、まず自分の内側の調和がとれていなければなりません。自分の中に責任感はあるか。自分で肚を決められるかどうか。愛のある責任は重いですが、ここがキーポイントとなってくるでしょう。

サイクル1〜3が創造期だとすれば、4〜6は発展期。その結果が現れる年でもあります。たとえ満開の花が咲かなかったとしても、自己否定はしないように気をつけてください。

33 思いもよらぬ転機が訪れる激動の年

基本はサイクル6と同様です。それにプラスして、波動の大きい何かが起きる可能性があります。出るか出ないかは五分五分。出た（起きた）としたら、相当激しいエネルギーを秘めています。これはもう、迎え撃つなどの対応ができない、ある意味、人智を超えた激動なので、受け容れるしかありません。何かが起きる可能性がある、ということを心の片隅に置いておけば、「あ、これかも」と、冷静になれるでしょう。

何が起きても動じない自分でいられますか？

自分の心の声を素直に聞けていますか？

心身のメンテナンスに努める内省の年

一旦、小休止。そんな1年です。サイクル6で他者に貢献した翌年は、自分に貢献をするようにしてください。自分のための学びをするも良し、思い切り休んでも良し。自分の心の声に素直に耳を傾けて、自分をメンテナンスしましょう。

できるだけひとりの時間を取るようにして、自分の内側の小宇宙につながり、自分とは何かを問うなど、静かな時間を持つことで、疲れた翼が癒やされます。

サイクル7は、いよいよ終盤に入る準備が始まる時。なぜ、ここで小休止なのか？　それは、パワフルなサイクル8にバトンをしっかりとつなぐためです。次の8に向かって、無茶をせず、パワーチャージをしてください。瞑想、リトリート、学びを深めることなど、自分自身にとって〝心の糧〟にもなるでしょう。

今、何を
受け取っていますか？

積み重ねていたことの結果が出る充実の年

いよいよ結実の時です。サイクル1で始めたことの結果が出ます。それは、いい結果とは限りません。もし、病気になったり、事業で失敗したりしたならば、それが今までやってきたことの結果なのです。厳しいようですが、いいことばかりではありません。

なぜなら、8のパワーは強力だから。どこまでも強いエネルギーを持っているから。このパワーを使いこなせないと、飲み込まれてしまいます。出てきた結果に一喜一憂することなく、正面から見据えて、素直に受け入れましょう。サイクル1でりんごの木を1本植えたとしたなら、今、その木にはどれくらいのりんごの実がなっているでしょうか？

ここで出た結果を見極め、自分はどうしたいのかを考え直すタイミングでもあります。それが、次のシーズンの判断材料になるのです。結果が出たからそれで終わりではなく、この結果を自分の人生にどう活かせるのか、このエネルギーをどう循環させることができるのかを考えましょう。総決算です。

あなたは、
何を手放しますか？

この9年に執着せず完了させる大掃除の年

9年間、お疲れ様でした。手放しです。これまでのことを完了させるためには、手放しが必要です。名残惜しいですか？　もう少し余韻に浸っていたいですか？　その気持ちもわかりますが、ここはきっちりと完了させましょう。そうでないと、次のステージへアップグレードできません。

大掃除して、リセットして、自分を労ってあげてください。サイクル8で山の頂上に立ったとするならば、サイクル9は下山です。達成後には、次のスタートに備えての明け渡しの時間が必須。じっくり、ゆっくり、今までとお別れするための1年なのです。

物理的な断捨離もいいですね。チームのメンバーを総入れ替えということもありです。今までのやり方をひっくり返す、なんてこともOK。

次のスタート地点に、気持ちよく立てますように……。心にも体にも負担をかけないよう、気をつけてお過ごしください。

Q.13

転職のタイミングがわからず、モヤモヤした気持ちで新年を迎えました。今年(30歳)の運勢を教えてください。

私：1994年4月15日→才能数6・本質数33・探究数1
2024年4月時点は、3クール目のサイクル9

A

個人のサイクルは誕生日を起点として読み解くため、2024年の4月15日から、2025年4月14日までが、30歳の誕生日の時点であなたのいるサイクルになります。

人生サイクルチャートで見ると、3クール目(創造)のサイクル9(完了)にいます。転職の希望を何年前から持っていたのかわかりませんが、少なくとも、今のあなたは人生の大きな転換期にいます。

人生サイクルチャートは9年をひとつの周期と見た時、0歳からの流れ(意識のバイオリズム)をらせん状に描いたもので、3つのステップに当てはめて、初年期の1クール目から3クール目、中年期の4クール目から6クール目、晩年期の7クール目から9クール目と分けることができます。

自分の本質が色濃く現れる中年期は、本質数が表す自分と深く向き合い、人生のメインテーマを過ごすことになるので、中年期のスタートラインである4クール目(土台)のサイクル1(始まり)を迎えるにあたり、前年度の3クール目(創造)のサイクル9(完了)がきちんとなされているかどうかが、とても大

人生周期	各クール	9年サイクル											
		1	2	11	3	4	22	5	6	33	7	8	9
	0クール目・息吹									0	1	2	3
初年期	1クール目・起点	4		5	6	7		8	9		10	11	12
初年期	2クール目・協調	13	14		15	16		17	18		19	20	21
初年期	3クール目・創造	22	23		24		25	26	27		28	29	30
中年期	4クール目・土台	31	32		33		34	35	36		37	38	39
中年期	5クール目・成長	40	41		42		43	44	45		46	47	48
中年期	6クール目・開花	49	50		51		52	53	54		55	56	57
晩年期	7クール目・自己	58	59		60		61	62	63		64	65	66
晩年期	8クール目・充実	67	68		69		70	71	72		73	74	75
晩年期	9クール目・貢献	76	77		78		79	80	81		82	83	84

切になってくるのです。

数秘の9年サイクルは文字通り1年ずつ増えていくイメージですが、唯一そうならないのが、サイクル9からサイクル1への流れです。完了から始まりへ。今リセットさせなければ、モヤモヤとした気持ちのまま、大事な4クール目（土台）・サイクル1（始まり）が、2025年の誕生日からスタートしてしまうのです。

転職のタイミングは？ と聞かれたら、間違いなく「2024年の誕生日からの1年間！」と答えます。

まずはあなたの持つ本質数「33」の直感力を活かし、今年の転職に向けて準備を進めましょう。キーワードは「完了」と「リセット」です。

数秘LIFE Q&A

前著『誕生日が教えてくれる本当のあなた』の読者の方からいただいたご質問にお答えいたします。

Q

マイナンバー3つの数字それぞれが、何に当てはまるのか、よくわかりません

A 生まれ持った才能・強み・得意分野を知りたい時は才能数。人生に最も大きな影響を与え、発揮されるべき能力を知りたい時は本質数。人生の目指す目標となるチャレンジテーマを知りたい時は探究数。これらの基本について前著では伝えましたが、本書では3つの数字を自分の人生になぞらえて、その活かし方について説明しています。

Q

西暦を基準にしているのはなぜですか？

A 数秘術のルーツは古代ギリシアの時代にまで遡り、数字に意味があることを発見したのは数学者であり哲学者であるピタゴラスです。その後、占術のひとつとして様々な文化や思想などとつながり、独自性が生まれていきました。特に有名なのは古代ユダヤの神秘主義であるカバラと結びついたカバラ数秘術です。いずれにしても、数秘術は西洋で生まれ発展してきたため、計算法の生まれ年は西暦を用います。

Q

子育ての際に、どの数字を意識してあげるとよいのでしょうか？

A 子ども時代に色濃く現れるとされるのが才能数です。その子の人生の土台となり、どのような時も、お子さんの支えとなる数字ですので、そこをしっかり見てあげましょう。その上で、大学進学、就職など人生の節目では、人生のメインテーマとなる本質数を見てアドバイスを。お子さんがマイナンバー(3つの数字)にマスターナンバーを持っている場合は、人とは違った視点を持っていると理解してあげることが大切です。

Q

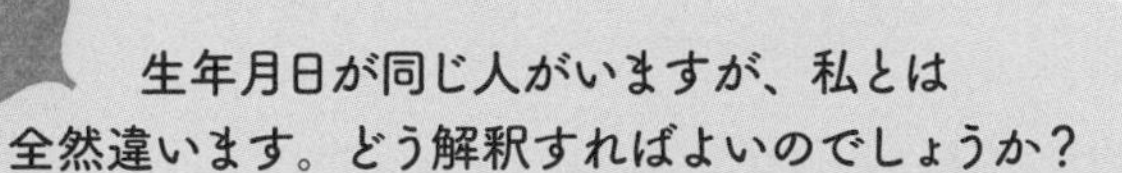

生年月日が同じ人がいますが、私とは全然違います。どう解釈すればよいのでしょうか？

A 人間の気質、性格には先天的性格と後天的性格と呼ばれるものがあり、生まれ持った気質で、周囲の影響を非常に受けにくい先天的性格を変えることはほぼ不可能に近いといわれますが、後天的性格は時間の経過の中で変化していくものといわれています。同じ誕生日や双子であったとしても、人生を歩む中で、関わる人や生活する環境、職種などにより後天的な要素から性格は形成されていきます。誕生日から計算されたマイナンバーの読み解きは、紀元前からある人類最高の智慧（ちえ）といわれ、世界で最も古い分析学のひとつとされる数秘術から行っています。誕生日に秘められた自分の本質ではありますが、環境や経験、また自己肯定しづらい経験があった場合、後天的性格に影響する場合があることも考慮に入れて、解釈してください。

Q

自分の特性を理解したことで、他にもある可能性に蓋をしてしまうような気がします

A コーチングやメンタルトレーニングの視点から、私は人には無限の可能性があると思っています。誕生日から紐解く「自分」は先天的性格であり、その後の生き方や環境で可能性は広がっていくと思います。誕生日に秘められた自分を知るマイナンバーは、しなやかに生きるためのひとつのヒントとお考えください。

Q

こうしたら運気が上がるなどの改善策はありますか？

A 数秘では9年サイクルを活用し、生まれた時から意識とつながるバイオリズム（運気の流れ）があるととらえています。樹木のたとえのように、命あるものは流れに沿って成長していきます。ただし個人サイクルは活用しなければならない義務ではなく、選択の場面で生きやすくなる智慧（ちえ）としてご活用ください。

自分の特性はわかりましたが、何に興味を持つべきなのかがわかりません

A 興味やワクワクすることは自発的に起こるものということを前提としています。たとえば「5」という数字はコミュニケーション力や情報処理能力に長けた数字ですので、語学やIT技術の習得は早いと思いますし、「6」という数字は面倒見がいい愛情深い数字ですので、何かを教える仕事が向いているといわれます。自分の特性を活かせることで、やってみたいと感じることができたなら、興味につながるのではないかと思います。

仲の良い友達と同じ数字を持っていました。同じ数字があれば、ずっと仲良くできますか？

A 数字の持つ意味は、基本原理を軸として振り子のようにポジティブな面とネガティブな面があり、思考のクセや行動特性として現れます。同じ数字を持つということは、お互いを理解し合えるツールを持っているということで、ありのままの自分で一緒に居られると思います。

新人研修のオリエンテーションなどで活用するには、どうしたらいいですか？

A 関係性をより良くするためのツールとして数秘行動分析ツールは生まれました。私の公式HPで作成できる「SuhiLife個人鑑定書」(有料)は、個人分析として「自分を知る」ことに役立つほか、グループワークとしても活用できます。鑑定書を用いて、お互いがフィードバックを伝え合うという感じです。

本書で紹介している数秘LIFEカルテも、隠れキャラの存在を自己開示することで、より理解し合えると思います。どちらにせよ、何を話しても非難されず、相手をジャッジする場ではないという、心理的安全性のもとでの活用が望ましいです。※活用についてのご相談は、公式HPからお問い合わせください。

数秘LIFE公式HP　https://www.tomoko635.jp

Q

数秘行動分析ツールで、違う数字でも同じ行動特性にグループ分けされているのは、なぜですか？グループ分けでのメリットは？

A 数秘行動分析ツールは、「DiSC理論」というコミュニケーション理論がベースになって生まれました。DiSC理論とは2軸から4つのスタイルに分類し、人の持つ「動機」「欲求」の違いを知ることで関係性の改善に役立たせるというものです。

1〜9、11、22、33の12種類の数字にはそれぞれに基本となる意味がありますが、数秘行動分析ツールでは、それぞれの意味から似た行動特性を持つ数字同士に分けました。

分け方については、DiSC理論の2軸（自己主張と感情表現）マトリクスからなる4象限がベースとなり、そこに現れない「6」は陰陽の気質で見たとき中庸であること、ゾロ目のマスターナンバーは卓越した感受性を視座の高さととらえ、ひとつのタイプとしました。

このような2軸（厳密には4象限ではなく6象限になっていますが）から考える思考（2軸思考と呼ばれています）は、物事が「見える化」され、明確になるという特徴を持ちます。

また、数秘行動分析ツールは厳密に個人を読み解くことより、円滑なコミュニケーションに役立たせるという「DiSC理論」と同じ役割を目的にしています。そのため、DiSC理論でいう「違い＝違い」であり「違い≠間違い」であること、多様性の認められるところに豊かな価値が伴うことを知るツールとして作られました。

個人の読み解きは、数字の意味を知った上で才能数・本質数・探究数のどこに現れるかによって、大変複雑になります。

数字同士の共通する行動特性を共通の言葉でまとめ（「6」は単体になります）、2軸思考から見える化することで、読み解きの際に、よりシンプルにイメージしやすくなるというメリットがあります。

厳密に個人の読み解きを行う際は、個々の数字から読み解くことが必要になります。

おわりに

最後までお読みいただき、ありがとうございました。

1冊目を書き終えたとき、「すべてを書き切った！」という達成感があり、まさか2冊目の構想が湧き上がってくるとは夢にも思っていなかったのですが、どうしても伝えたい想いが「探究数」にありました。

＊＊＊＊

私は今、「日本の聖地を訪ねて」（雑誌『家庭画報』の旅コラム）連載のため、日本全国を旅している最中です。

北は北海道から、南は沖縄まで。対馬、隠岐諸島、佐渡島、与那国島……、多くの離島も訪ねました。

広い校庭を大きな笑い声とともに走り回る子どもたち。

朝早くの漁を終え、港で談笑している漁師たち。

山を登れば、頂上で手作りのお弁当を広げて会話を楽しむ登山者の姿。

絶景スポットといわれる場所以外にも、日本は自然が豊かで、綺麗な湧き水とそよぐ風が生み出す聖地が至る所にあります。

しあわせに溢れているかのような風景しか目には映りませんが、デジタル化で便利になっていくのと反比例するかのように、不安や悩みからくる心身のストレスが現代の日本で増加しているのも事実です。

SNSがなかった時代では考えられないほど、他の人の生活が見えるようになりました。どこかの誰かと比較することで生まれる「自分」が現れ、「本質の自分」が見えづらくなることが増えました。

そんなモヤモヤした気持ちに、「誕生日」が数字を通して光を当ててくれる。

誕生日から導き出された数字たちが、自分を映す鏡となってくれる。

「自分」を知る一番深いところにあるのが「探究数＝隠れキャラ」。心の扉を開けた先にある憧れの存在をどうしても伝えたいという想いから、2冊目の構想がスタートしました。

＊＊＊＊

数字の世界は知れば知るほど奥が深く、毎日必ず目にする数字だからこそ、その意味を知ることで広がる世界があると思っています。

占いだけではない数字の世界を、様々な視点から活用していただけたらうれしいです。

最後になりましたが、今回も前著と同じメンバーでタッグを組ませていただきました。再び、素晴らしいご縁をいただけたことに深く感謝申し上げます。

担当編集の原田敬子さん、丸井富美子さん、ライターの神﨑典子さん。打ち合わせの時はいつも楽しく、ついつい私の話が長くなり、まとめる作業が大変だったと思います。今回も本当にありがとうございました。デザイナーの庄子佳奈さん、イラストのｙｕ ｎａｋａｏさん、今回も数字たちが生き生きとするデザインを、ありがとうございました。ＳＬＯＰの植田薫さん、数秘ＬＩＦＥをいつも支えていただきありがとうございます。数秘ＬＩＦＥファミリーの皆さま、心強い応援をいつもありがとうございます。

本書に関わっていただいたすべての方々、人生におけるすべてのご縁に心から感謝申し上げます。

そして、ピタゴラスから始まり、数秘の世界を伝承してきた世界中にいるすべての数秘術を愛する方々に心から敬意を表します。

最愛なる家族に感謝を込めて。

２０２４年３月　ともこ

Staff

ブックデザイン	庄子佳奈 (marbre plant inc.)	［1・33・1］
イラスト	yu nakao	［8・11・9］
	植田 薫	［9・11・11］
校正	株式会社円水社	
DTP製作	株式会社明昌堂	
編集協力	神崎典子	［3・8・4］
編集	原田敬子	［4・8・7］
	丸井富美子	［11・7・1］

もっと！
誕生日が教えてくれる
本当のあなた

発行日　2024年3月7日　初版第1刷発行

著者　ともこ
発行者　竹間 勉
発行　株式会社世界文化ブックス
発行・発売　株式会社世界文化社
〒102-8195
東京都千代田区九段北4-2-29
電話　03-3262-5118（編集部）
03-3262-5115（販売部）
印刷・製本　株式会社リーブルテック

ISBN 978-4-418-24207-8

ともこ

数秘研究家、ライフコーチ、コラムニスト。カバラ数秘術をベースにコミュニケーションからの視点を取り入れ、ともこ式数秘術（数秘×行動分析）を完成。「しなやかで心地いい暮らし＝数秘LIFE®」を提唱している。様々なテーマでコーチングを行っている実績と、本質数「3」の明るく楽しい人柄で、国内外に多くのクライアントと生徒を持つ。新たな一歩となるアドバイスを希望する人が後を絶たない人気講師。慶應義塾大学文学部美学美術史学専攻卒。国際コーチング連盟（ICF）認定コーチ（ACC）。JADA協会認定SBT 1級メンタルコーチ。DiSC®認定トレーナー。著書に『誕生日が教えてくれる本当のあなた』（小社刊）。マイナンバーは［6・3・5］

参考文献

『わたしを自由にする数秘』
マンガラ・ビルソン著
／伊藤アジータ訳（市民出版社）

『The Secret of Numbers
シークレット　オブ　ナンバーズ』
Daso Saito著（ビジネス社）

『「カバラ」占いの書』
浅野八郎著（説話社）

『宇宙時計　図形が語る宇宙創造の物語』
辻 麻里子 絵・文（ナチュラルスピリット）

『図解 コーチング流タイプ分けを知ってアプローチするとうまくいく』鈴木義幸著
（ディスカヴァー・トゥエンティワン）

数秘LIFE®のサイトでは、生年月日を入力するだけで、簡単に自分の数字（マイナンバー）や9年サイクルがわかります。また個人鑑定書の自動生成サービスもあります。ぜひアクセスしてください。

心が軽くなる数秘LIFEは ここから始まった！

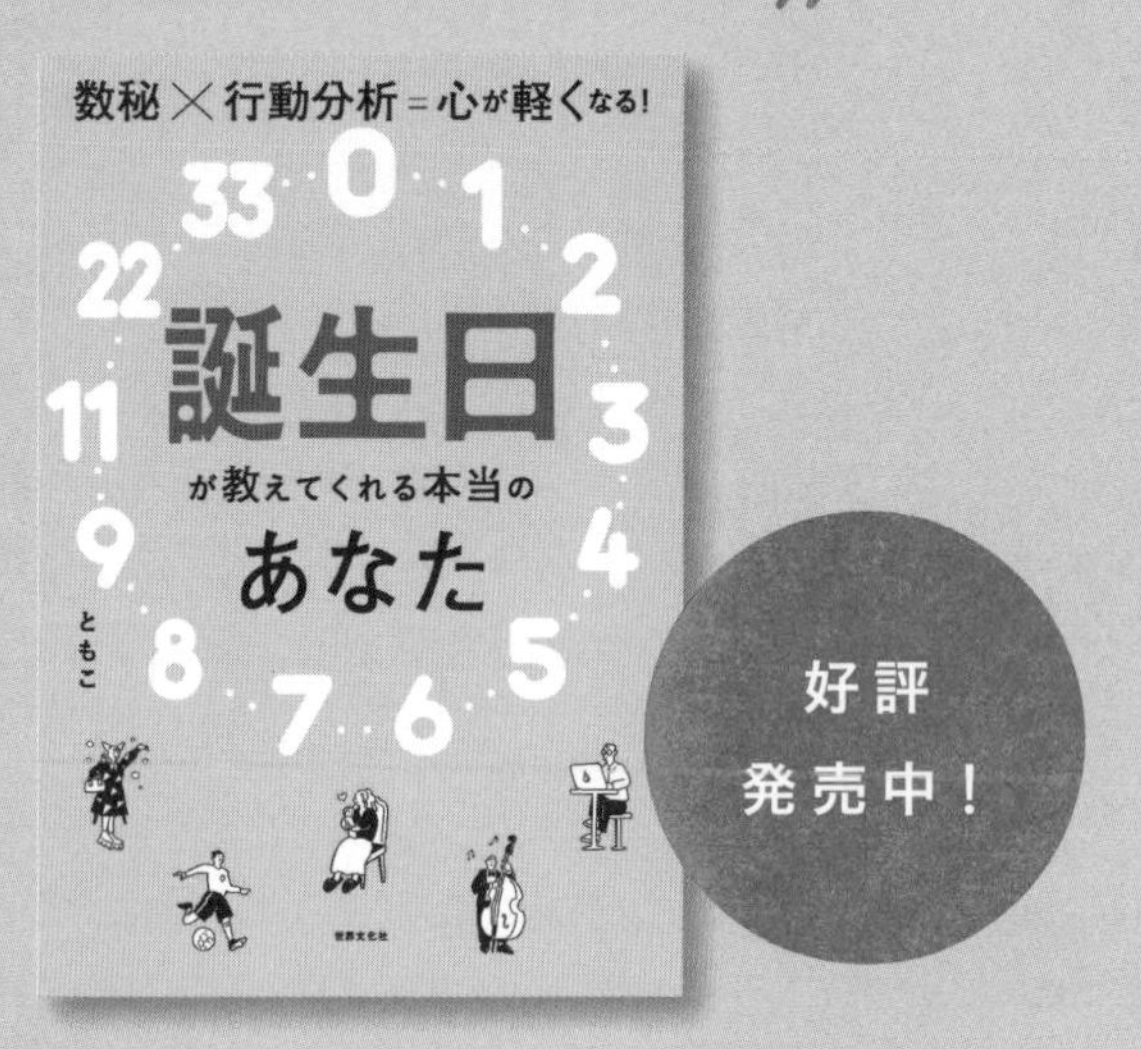

「本当のあなた」が
もっとわかる
数秘LIFEカルテは
こちら！

- 切り取ってお使いください。
- カルテの記入方法や見方について、詳しくは本文第３章（P101 〜）を参照してください。
- 裏面には４人分のカルテも設けました。ぜひご家族やお友達の分も記入して、お役立てください。

名前　　　　生年月日 Y Y Y Y 年 M M 月 D D 日

マイナンバー	キャラ	数字	キーワード	意識	存在	テーマ
探究数 (M+M+D+D)	隠れキャラ			気づきにくい	こだわりたいもの	憧れ
本質数 (Y+Y+Y+Y+M+M+D+D)	内キャラ			本音としてもつ	かけがえのないもの	誇り
才能数 (D+D)	外キャラ			土台としてある	当たり前にあるもの	支え
才能数2桁目 (D+0)	(外キャラ)	(　　)		(土台としてある)	(当たり前にあるもの)	(支え)
才能数1桁目 (0+D)	(外キャラ)	(　　)		(土台としてある)	(当たり前にあるもの)	(支え)

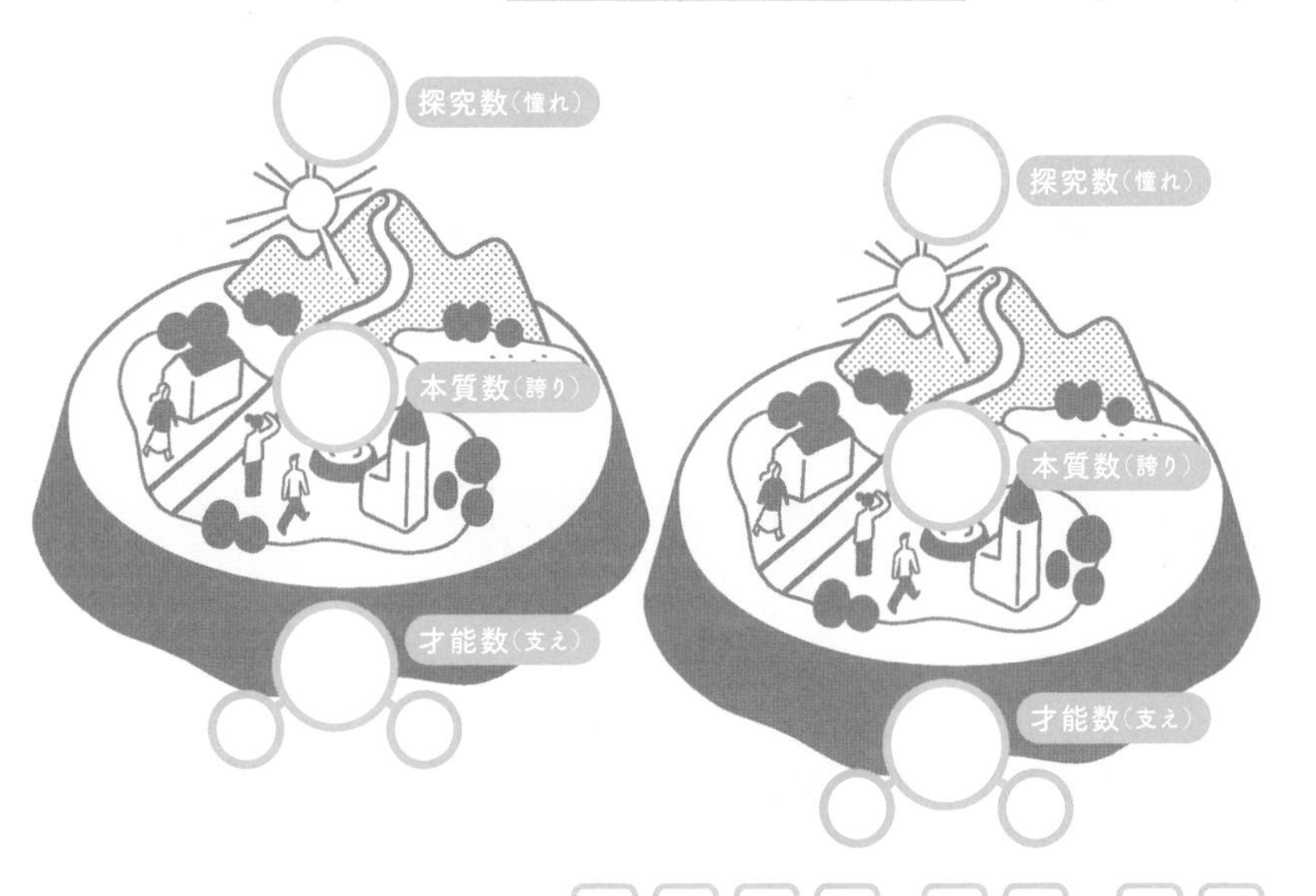

名前　　　　生年月日 Y Y Y Y 年 M M 月 D D 日

マイナンバー	キャラ	数字	キーワード	意識	存在	テーマ
探究数 (M+M+D+D)	隠れキャラ			気づきにくい	こだわりたいもの	憧れ
本質数 (Y+Y+Y+Y+M+M+D+D)	内キャラ			本音としてもつ	かけがえのないもの	誇り
才能数 (D+D)	外キャラ			土台としてある	当たり前にあるもの	支え
才能数2桁目 (D+0)	(外キャラ)	(　　)		(土台としてある)	(当たり前にあるもの)	(支え)
才能数1桁目 (0+D)	(外キャラ)	(　　)		(土台としてある)	(当たり前にあるもの)	(支え)

数秘LIFE®カルテ

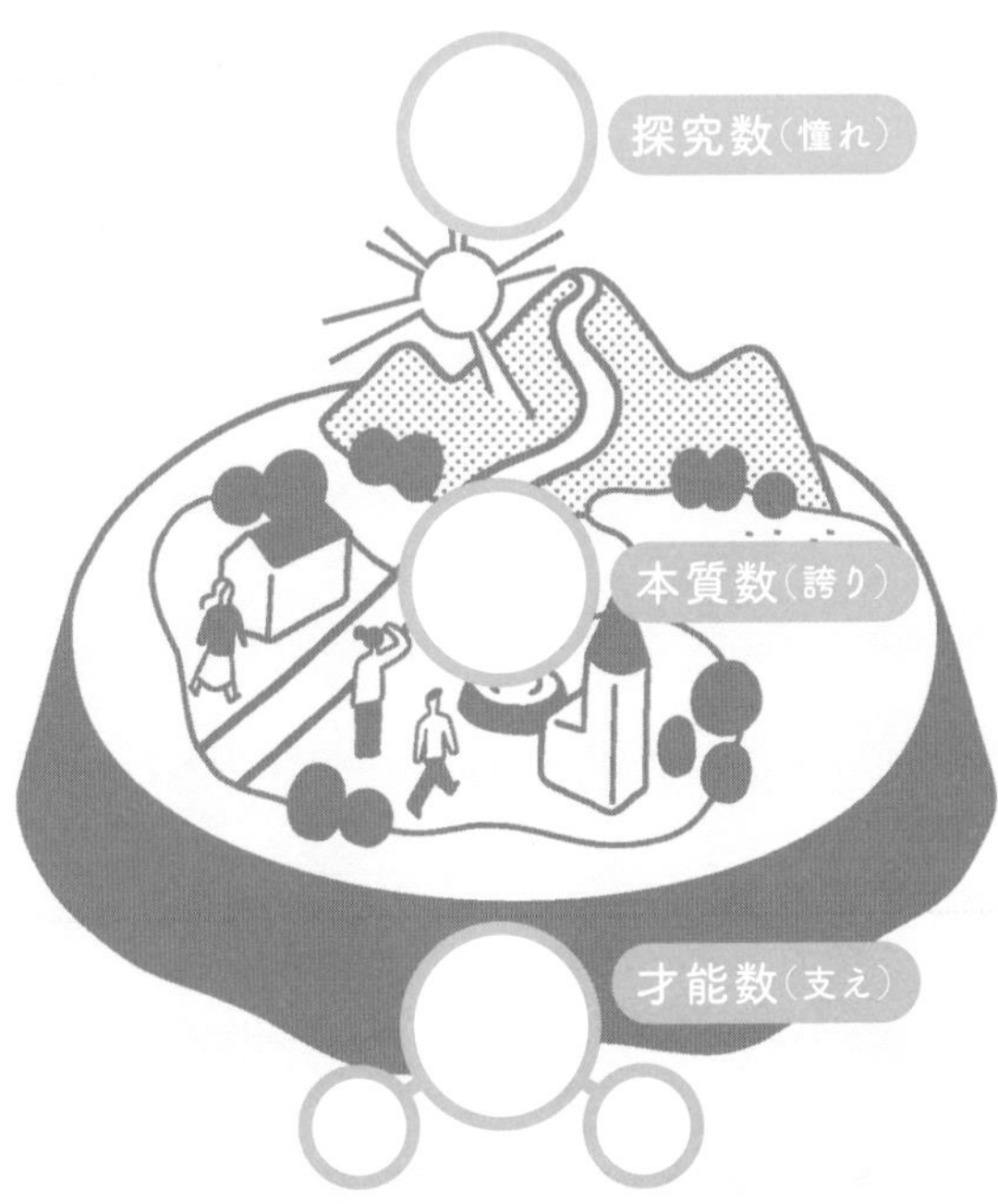

数字	【探究数】に現れる基本原理のキーワード
1	自信
2	しなやかさ
3	楽しむ
4	くつろぎ
5	自発的
6	愛を注ぐ
7	自己探究
8	物質的豊かさ
9	世のため人のため
11	芸術的直感

マイナンバー	キャラ	数字
探究数 （M+M+D+D）	隠れキャラ	
本質数 （Y+Y+Y+Y+M+M+D+D）	内キャラ	
才能数 （D+D）	外キャラ	
才能数2桁目 （D+0）	（外キャラ）	（　　）
才能数1桁目 （0+D）	（外キャラ）	（　　）

生年月日 [Y][Y][Y][Y]年[M][M]月[D][D]日

数秘LIFE公式HPの「数秘術計算」より、生年月日を入力するだけで、簡単にマイナンバーがわかります。ぜひご活用ください。

数字	【本質数】に現れる基本原理のキーワード
1	自立・自我
2	受容・感情
3	表現・創造
4	現実・安定
5	自由・変化
6	献身・愛
7	知性・独り
8	パワー・実現
9	慈悲・奉仕
11	卓越した感受性・繊細
22	卓越した感受性・開拓
33	卓越した感受性・純粋

数字	【才能数】に現れる基本原理のキーワード
1	積極性・活動的
2	協調性・平和的
3	楽観性・好奇心旺盛
4	堅実性・論理的
5	行動力・器用
6	調和力・責任感
7	分析力・クール
8	統率力・情熱
9	共感力・気遣い
11	直感力・第六感
22	カリスマ性・バイタリティ
0	圧倒的なエネルギー

キーワード	意識	存在	テーマ
	気づきにくい	こだわりたいもの	憧れ
	本音としてもつ	かけがえのないもの	誇り
	土台としてある	当たり前にあるもの	支え
	（土台としてある）	（当たり前にあるもの）	（支え）
	（土台としてある）	（当たり前にあるもの）	（支え）

キリトリ線

キリトリ線

名前　　生年月日 Y Y Y Y 年 M M 月 D D 日

マイナンバー	キャラ	数字	キーワード	意識	存在	テーマ
探究数 (M+M+D+D)	隠れキャラ			気づきにくい	こだわりたいもの	憧れ
本質数 (Y+Y+Y+Y+M+M+D+D)	内キャラ			本音としてもつ	かけがえのないもの	誇り
才能数 (D+D)	外キャラ			土台としてある	当たり前にあるもの	支え
才能数2桁目 (D+0)	(外キャラ)	(　　)		(土台としてある)	(当たり前にあるもの)	(支え)
才能数1桁目 (0+D)	(外キャラ)	(　　)		(土台としてある)	(当たり前にあるもの)	(支え)

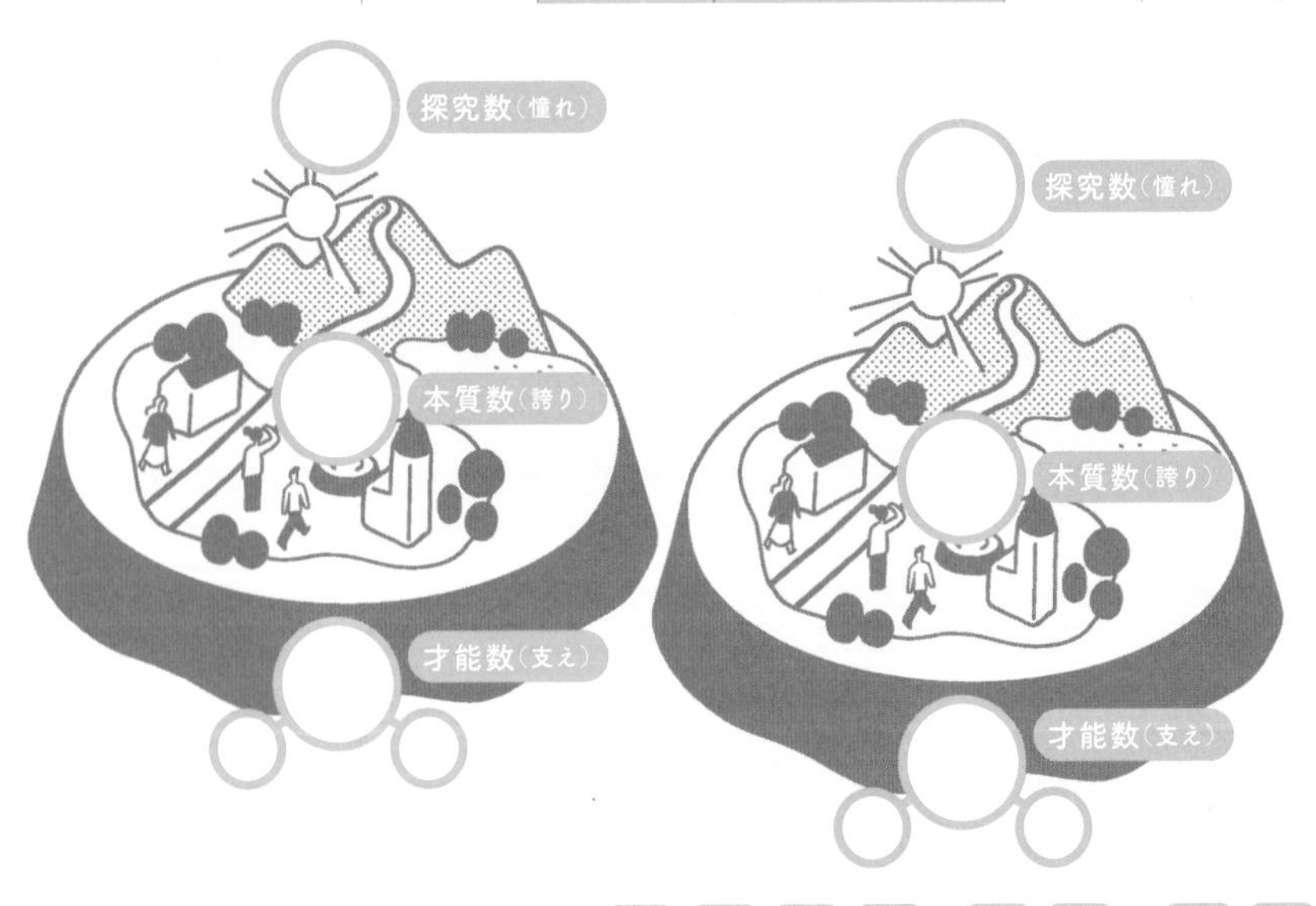

名前　　生年月日 Y Y Y Y 年 M M 月 D D 日

マイナンバー	キャラ	数字	キーワード	意識	存在	テーマ
探究数 (M+M+D+D)	隠れキャラ			気づきにくい	こだわりたいもの	憧れ
本質数 (Y+Y+Y+Y+M+M+D+D)	内キャラ			本音としてもつ	かけがえのないもの	誇り
才能数 (D+D)	外キャラ			土台としてある	当たり前にあるもの	支え
才能数2桁目 (D+0)	(外キャラ)	(　　)		(土台としてある)	(当たり前にあるもの)	(支え)
才能数1桁目 (0+D)	(外キャラ)	(　　)		(土台としてある)	(当たり前にあるもの)	(支え)